사후세계의 진실,
영혼육 & 지옥

「그대는 하나님을 사랑할 것인가? 악마를 섬길 것인가?」

손계문 著

탄생과 죽음의 공식을 알면 비밀이 풀린다.

열한시
성서연구원

사후세계의 진실, 영혼육 & 지옥

펴 낸 곳   열한시 성서연구원
발 행 인   손계문
출판 등록   2007년 7월 4일
전   화   010-9543-0091
이 메 일   ask@11bible.net
홈페이지   http://11bible.net

ISBN 979-11-6324-003-7
가격 10,000원

머리말

사람이 죽으면 어떻게 되는 것일까요?
지옥은 영원한 것일까요?

 이 질문은 인류의 기원만큼이나 오랜 역사가 있는 궁금증이 아닐 수 없습니다. 사후세계를 다녀왔다는 사람들이 여러 매체를 통해 간증하고 인터뷰하는 모습을 보게 됩니다. 지옥에서 악한 영혼들이 지글지글 타면서 고통을 당하고 있는 장면을 보았다고 합니다. 어떤 사람들은 수술받는 도중에 영혼이 몸과 분리되어 누워있는 자기 모습을 보았다는 사람들도 있습니다.

 우리는 이러한 경험을 어떻게 이해해야 할까요? 죽은 사람들이 지금 어떠한 상태에 있는지 아십니까? 그들과 만나서 대화할 수 있는 것일까요? 성경은 이 문제에 대하여 어떻게 설명하고 있을까요?

 죽음 이후의 상태에 대한 사람들의 편견과 선입관은 너무나 깊이 뿌리 박혀 있기 때문에, 매우 분명한 성경 말씀을 눈앞에서 읽어주어도 그 말씀을 받아들이지 않는 경향이 있습니다. 독자들은 본서를 통하여 일생일대의 놀라운 진리를 발견하게 될 것입니다. 우리는 영과 혼과 육 그리고 지옥에 대한 놀라운 성경의 진리를 살펴보려고 합니다. 이 진리를 통해 천지가 개벽하는 듯한 신앙 생애의 변화와 충격을 경험하리라 생각합니다.

이번 기회에 과연 성경이 어떻게 말하고 있는지, 거룩하신 하나님의 말씀 앞에 진지한 마음과 겸손한 태도로 임해야 합니다. 내가 알고 있던 것과 다를 때, 내가 믿고 가르쳐온 것과 다를 때, "주님! 성경의 진리는 무엇입니까? 제게 가르쳐 주시옵소서!"라고 진실한 마음으로 간구해야 합니다.

본서를 통해 인간의 존재, 사후세계, 지옥에 대한 문제를 성경이 어떻게 증거하고 있는지 그 확실한 말씀들을 깨닫고 우리의 신앙이 반석위에 굳건히 세워지기를 바랍니다. 또한 이 문제는 예수 그리스도께서 재림하시기 전에 사탄이 모든 인류를 속이는 일에 적극 활용할 것이기 때문에, 우리는 참된 진리를 바르게 알아야 합니다. 이 책을 읽는 모든 분을 진리의 성령께서 바른길로 인도해 주시기를 기도합니다.

차례

머리말　　　　　　　　　　　　　　　　　　　　　　004

제1장　인류 최초의 거짓말을 아십니까?　　　011

1. 인간의 사후에 관한 4가지 견해　　　　　　　　013
2. 하나님처럼 인간의 영혼도 죽지 않는가?　　　　017
3. 영혼은 죽지 않는다는 영혼불멸 사상의 시작　　020
4. 조건적 불멸과 악인 소멸　　　　　　　　　　　027
5. 칼빈을 통해서 들어온 영혼불멸 신앙　　　　　　034
6. 하나님의 반격　　　　　　　　　　　　　　　　038
7. 종교적 편견　　　　　　　　　　　　　　　　　048

제2장　인간의 본질과 죽음　　　051

1. 임사체험[Near-Death experience, 臨死體驗]　　　052
2. 사람이 죽으면 어떻게 되고 어디로 가는가?　　　057
3. 성경에서 말하는 "영"이란?　　　　　　　　　　064
4. 창조 공식에 대한 오해　　　　　　　　　　　　070

제3장 죽은 자들은 어디에 있는가? — 077

1. 영혼이란 무엇인가? — 078
2. 죽은 자들은 어디에 있는가? — 088
3. 성경의 진리, 부활 — 094

제4장 죽은 자는 말이 없다 — 099

1. 죽음 이후의 상태 — 100
2. 성경 기자들의 증언 — 102
3. 사도 바울의 장례식 설교 — 109
4. 나사로는 4일 동안 어디서, 무엇을 하다가 돌아왔을까? — 112
5. 십자가 이후 3일 동안 예수님은 어디에 계셨는가? — 116

제5장 알쏭달쏭 난해 성경절 해석 — 123

1. "데리고 오시리라"(데살로니가전서 4:14) — 127
2. "그리스도와 함께 있는 것"(빌립보서 1:21-23) — 130
3. "몸을 떠나 주와 함께 있는 것"(고린도후서 5:6-8) — 133
4. "영으로 옥에 있는 영들에게 전파하시니라"(베드로전서 3:18-20) — 136

제6장　지옥 마케팅　　147

1. 부자와 거지 나사로　　151
2. 비유일 수밖에 없는 4가지 이유　　153
3. 부자와 거지 나사로의 4가지 교훈　　159

제7장　지옥의 불은 꺼진다　　163

1. 지옥이 무서워 하나님을 믿습니까?　　164
2. 성경의 바른 이해　　167

제8장　지옥의 시작과 끝　　177

1. 지옥의 위치와 시기　　178
2. 지옥은 어떻게 시작되는가?　　183
3. 재림과 함께 시작되는 천년왕국　　185
4. 마지막 날 사건들의 순서　　193

제9장　"지옥"으로 잘못 번역된 4가지 원어　　197

1. 구약성경에서 "음부"로 번역된 "שְׁאוֹל"(스올)　　200
2. 신약성경에서 지옥이라는 말로 번역된 헬라어 3가지　　202
3. 하나님을 바로 알자　　209

제10장
하나님이 사탄을 "지금" 멸망시키지 않는 이유   215

1. 하늘에서 벌어지는 전쟁   218
2. 딜레마에 빠진 하나님   223
3. 갈수록 태산   226
4. 단 하나의 대답   228
5. 왜 끝나지 않는가?   231
6. 예수 그리스도께서 용과 싸우는 동안 여자는 어떻게 되었는가?   233
7. 핍박이 극에 달했을 때, 무슨 일이 발생하는가?   235
8. 그 여자의 남은 자손   239

제11장   사탄의 최후와 천년왕국   243

1. 천년기의 시작 때 무슨 일이 있는가?   246
2. 성도들은 천 년 동안 무슨 일을 하는가?   249
3. 천 년 후에 무슨 일이 있는가?   255
4. 최후의 심판   258
5. 마지막 순간   262
6. 천년기가 시작할 때 무슨 사건이 있는가?   265
7. 천 년 동안에는 무슨 일이 있는가?   267
8. 천 년이 지난 후에는 어떤 사건이 일어나는가?   269

제1장

인류 최초의 거짓말을 아십니까?

오래전 〈크리스천투데이〉에 "고(故) 옥한흠 목사 천국 환송 예배"라는 제목으로 옥 목사님의 장례식에서 어느 목사님이 설교했던 내용이 실렸다. "천국은 다시 만나는 재회의 땅입니다. 사랑하는 사람을 만나는 곳입니다. 옥 목사님은 그곳에서 주기철 목사님도 손양원 목사님도 만났을 것입니다. 천국은 사랑하는 우리 옥 목사님이 계신 장소입니다."

이 설교에 문제를 느끼지 못하는 분들이 많을 것이다. 하지만 이 설교는 오늘날 대부분의 기독교인이 천국에 대해 가지고 있는 치명적인 오해를 여실히 드러내고 있다. 무엇이 문제인가? 대다수 사람은 천국을 죽자마자 가는 곳으로 이해하고 있으며, 그래서 오늘날 많은 교회가 장례식 때, "소천 예배" 또는 "천국 환송 예배"를 드리고 있다. 우리는 정말 죽는 즉시 천국이나 지옥에 가는 것일까?

01

인간의 사후에 관한 4가지 견해

1. 일반적인 견해 [대한예수교장로회 헌법, p.142]

"사람의 육체는 죽은 후에 티끌로 돌아가 썩는다. 그러나 그 영혼은 죽지 않는 생을 가지며, 의로운 자의 영혼은 하늘에 올라가 빛과 영광 가운데서 하나님의 얼굴을 보며 그들의 육신이 완전히 구속되기를(부활의 날을) 기다린다. 그러나 사악한 자의 영혼은 지옥에 떨어져 고통과 어두움 가운데서 대 심판의 날을 기다린다."

대부분 이렇게 알고 있다. 사람이 죽는 즉시 영혼은 천국이나 지옥에 간다는 사상이다. 그리고 특이한 점은 영혼은 하늘에 있고, 재림의 날에 육신이 부활해서 합쳐진다는 것이다. 과연 이것이 성경의 견해인지는 차차 확인해 보도록 하자.

2. 카톨릭의 견해 [천주교 용어사전, p.443, 451, 565, 575]

"영혼은 죽지 않고 없어지지 않는다. 사람이 죽은 후에, 의인의 영혼은 천국에 머물다가 최후의 심판 뒤에는 의인의 육신과 영혼이 함께 천국에 거하게 되며, 죄를 지은 자가 죽으면 그 영혼이 분리되어 지옥에서 악마와 함께 영원한 벌을 받는다. 그러나 하나님께 귀의하여 죄를 용서받았으나 다소간의 흠이 있는 자의 영혼은 세상을 떠난 후 하나님 앞에 나아가기 전에 연옥의 불에 정화된다."

장로교와 단어의 차이가 있긴 하지만 내용은 같다. 영혼은 천국에 있다가 최후 심판 뒤에 영혼과 육신이 결합한다는 것이다. 그리고 또 하나, 하나님을 믿기는 믿었는데 흠이 있는 사람은 천국에 가기 전에 연옥에서 불로 고행을 한 다음에 가게 된다는 사상이다. 당연히 성경으로 지지받지 못하는 사상이며, 연옥을 믿기 때문에 면죄부라는 것도 생기게 되었다. 그런데 흥미로운 것은 칼빈도 연옥과 같은 중간 지대를 주장했다.

3. 칼빈주의 개혁교회의 견해 [벌코프 교의신학]

"사람이 죽으면 육체를 떠난 영혼은 천국도 아니고 지옥도 아닌 임시 수용과정인 중간상태(Intermediate State)에 머물며 예수 재림까지 생전에 행한 선악에 따라 의인은 낙원에서, 악인은 음부에 있다가 예수 재림시 영원한 천국이나 지옥으로 간다."

사람이 죽으면 천국이나 지옥에 가는 것이 아니라 중간 지대에 있다가 예수님의 재림 때 천국과 지옥에 간다는 사상인데, 천주교의 연옥사상과 별 차이가 없는 개념이다. 이렇게 약간의 차이가 있지만 1, 2, 3번의 견해는 모두 사람이 죽은 후에, 영혼은 불멸하기 때문에 죽거나 소멸하지 않고 어디론가 간다고 주장하고 있다. 이 3가지 견해와 반대되는 네 번째 견해가 있다.

4. 부활을 믿는 견해 [조건적 불멸]

"인간은 죽음과 동시에 영과 육이 소멸하며, 예수님께서 재림하실 때 부활을 통하여 영육이 불멸의 몸으로 변화를 받게 된다. 조건적 불멸이란, 모든 사람(영혼)이 다 불멸하는 게 아니라 그리스도를 믿고 따른 의인만 영원히 멸하지 않고 살게 되며, 악인은 불멸이 아니라 멸절(소멸)되어 다시는 찾아볼 수 없다."

과연 무엇이 성경의 진리일까? 어떤 사람들은 이렇게 믿든 저렇게 믿든 예수만 믿으면 되지 뭐가 그렇게 중요하냐고 반문할지도 모르겠다. 그러나 이것이 단지 신학적 견해 차이, 다양한 이론 중 하나를 믿는 수준의 것이라면 그리 복잡하게 생각할 것 없이 믿고 싶은 대로 믿으면 된다. 하지만 이 문제를 어떻게 이해하고 믿느냐에 따라

  1) 죽음에 대한 실체를 바로 알게 될 뿐만 아니라

  2) 귀신의 속임수에 넘어가지 않게 되고

  3) 성경의 약속인 부활을 소망하며

  4) 하나님의 사랑을 충만하게 이해하게 되어

  5) 바른 신앙을 가질 수 있다.

그러므로 참으로 중요하고도 반드시 알아야 하는 진리이다.

한번은 공자의 제자 자로가 죽음에 관해 묻자, "未知生 焉知死 (미지생 언지사): 사는 것도 제대로 모르는데 어찌 죽음을 알겠느냐?"고 답했다. 그렇다. 세상의 모든 가르침은 죽음에 대해 알 수 없다. 또 사람들은 죽음을 두려워한다. 왜 그럴까? 모르기 때문이다. 미지의 세계인데, 결국은 나도 가야만 하는 곳이기 때문이다. 그러나 하나님의 말씀은 분명하고도 확실하게, 누구도 모호하거나 대충 알도록 하지 않으시고, 누구나 겸손한 마음으로 인간의 지식과 편견을 내려놓고 성경을 보면 깨끗하고 선명하게 알 수 있도록 말씀해 놓으셨다. 생명의 근원이신 하나님은 이 문제에 대해 가장 명쾌한 대답을 주셨다.

02

하나님처럼 인간의 영혼도 죽지 않는가?

사람이 죽었는데 몸은 죽어도 영혼이 죽지 않는다면, 인간이라는 존재가 죽어도 죽은 것이 아닌 하나님처럼 영생불사(永生不死)한다는 말과 같다. 죽음 이후의 상태에 대해 알아보기 전에, 하나님은 어떤 분이시고 인간은 어떤 존재인지를 먼저 생각해 보자. 이것을 알면 사후세계에 대한 신비를 풀 수 있는 열쇠를 하나 획득하게 된다.

① **하나님의 속성**: "오직 그에게만 죽지 아니함이 있"다(딤전 6:16). 하나님은 죽을 수 없는 분이시고, 그분은 영원히 불멸하신 분이시다.

② **인간의 속성**: 하나님께서 사람을 처음 창조하셨을 때는 하나님처럼 죽지 않고 영원히 살 수 있는 존재로 만드셨다. 하지만 그것은 조건적이었다. 무슨 조건이 있었는가? "선악을 알게

하는 나무의 실과는 먹지 말라 네가 먹는 날에는 정녕 죽으리라 하시니라"(창 2:17).

불멸의 존재로 창조하셨지만 그것은 조건적이었다. 하나님께 불순종하면 정녕 죽으리라 하셨는데, 여기 죽음은 그냥 몸만 죽는 죽음일까? 몸과 영이 다 죽는 죽음일까? 만약 몸만 죽고 영혼은 지옥에 가서 고통을 받아야 한다면, 아담에게 "선악과를 먹으면 영원히 고통을 당하리라"고 해야 한다. 하지만 하나님께서는 분명히 "죽으리라" 하셨다. 당연히 영과 육이 함께 죽는 죽음이다.

아담의 범죄로 말미암아 인간은 죽게 되었다. 하지만 인간이 죽지 않고 영원히 사는 길이 있다. 성경은 분명히 인간이 죽지 않을 불멸의 본성을 가질 수 있다고 선언한다. 언제 어떻게 그 일이 일어나는가? 그날은 세상 끝에 있을 예수 그리스도의 재림의 날이다.

"마지막 나팔에 순식간에 홀연히 다 변화하리니, 나팔 소리가 나매 죽은 자들이 썩지 아니할 것으로 다시 살고 … 이 썩을 것이 불가불 썩지 아니할 것을 입겠고 이 죽을 것이 죽지 아니함을 입으리로다"(고전 15:51~53). 그러므로 썩지 아니하고 죽지 아니하는 불멸의 속성은, 사람이 태어날 때부터 가지고 나오는 속성이 아니라, 예수님이 재림하실 때, "홀연히 다 변화"함을 받을 그때 비로소 인간에게 부여되는 하나님의 선물이다. 이렇게 인간이 죽지 않게 되는 것을 신학적인 용어로는 "조건적 불멸"이라고 부르는데, 그 이유는 "영원히 멸하지 않는 영원불멸의 속성은 오직 구원받는 성도들에게만 주어지는 것"이기 때문이다.

어떤 사람들은 자신이 가지고 있는 편견과 선입관 때문에, "인간은 죽을 수밖에 없는 육체를 가졌지만, 육체 안에 있는 영혼은 죽지 않고 불멸하는 것 아닌가요?"라고 묻는다. 성경은 이러한 질문에 매우 분명한 답변을 준다. "범죄하는 그 영혼은 죽으리라"(겔 18:4).

03

영혼은 죽지 않는다는 영혼불멸 사상의 시작

    그런데 기독교뿐만 아니라 힌두교, 불교, 조상숭배, 무속신앙, 심령과학, 뉴에이지 등 다수의 종교는 영혼은 불멸한다는 사상 위에 기초가 놓여있다. 그래서 사람이 죽으면 구천을 떠도는 귀신이 되든지, 낙원이나 음부에 갔든지, 천국이나 지옥에 갔든지, 다른 무엇으로 환생했다고 믿는다. 무엇을 믿든지 간에 영혼이 어떤 형태로든 살아있다고 생각하는 것이다. 이렇게 영혼은 불멸한다는 신앙은 언제, 어디서, 어떻게 시작되었을까? 그리고 어떻게 교회 안에도 들어오게 되었을까?

에덴동산: 영혼불멸 사상의 뿌리

    인류 최초의 거짓말이 무엇이며, 그 내용이 무엇인지 아는가? 사탄이 하와에게 한 거짓말이었다. 무슨 거짓말을 했는가?

"[3] 하나님은 동산 한가운데 있는 나무의 열매는 먹지도 말고 만지지도 말라고 하셨다. 어기면 우리가 죽는다고 하셨다. [4] 뱀이 여자에게 말하였다. 너희는 절대로 죽지 않는다"(표준, 창 3:3,4).

인간의 귀에 들린 첫 번째 거짓말은 "너희가 결코 죽지 아니하리라"는 사탄의 속삭임이었다. 이것이 왜 거짓말인가?

"[16] 여호와 하나님이 그 사람에게 명하여 이르시되 동산 각종 나무의 열매는 네가 임의로 먹되 [17] 선악을 알게 하는 나무의 열매는 먹지 말라 네가 먹는 날에는 반드시 죽으리라 하시니라"(창 2:16,17).

반드시 죽으리라 VS 결코 죽지 않는다

불행하게도 하와는 거짓말을 믿기로 선택하였다. 오늘날도 마찬가지이다. 몸이 죽어도 우리 몸 안에 있는 어떤 존재는 영원히 살아있을 것 같은 느낌에 속아서 사탄이 에덴동산에서 속삭였던 영혼불멸의 가르침을 받아들이고 있다. 사탄은 "거짓말쟁이요 거짓의 아비"이다(요 8:44). 에덴동산에서 하와를 범죄하도록 유혹했던 그날부터 오늘까지 "영혼은 결코 죽지 않는다"는 사상을 인류에게 뿌려 왔다.

에덴에서 시작한 사탄의 거짓말이 어떻게 오늘날 인류의 보편적 가르침으로 둔갑하게 되었을까? 또 어떻게 기독교 안으로 들어오게 되었을까? 그 역사적 배경과 과정은 이렇다.

기원전: 영혼불멸 사상의 기초를 놓은 헬라 문화

사탄이 시작한 영혼불멸 사상은 헬라 문화와 접목되면서 만연되기 시작하였다. 기원전 6세기 유명한 수학자이며 철학자인 피타고라스는 영혼불멸 사상에 기초하여 윤회사상을 철학적으로 체계화하였다. 이렇게 철학이라는 옷을 입은 영혼불멸은 기원전 5세기 소크라테스에 의해 발전되었는데, 그는 죽음을 통하여 영혼이 해방되고 감옥과 같은 육신에서 벗어나 불멸의 존재가 되어 영원한 "이데아(idea)"의 세계로 돌아간다고 가르쳤으며, 자신의 그러한 믿음을 실증하기 위해서 여러 사람이 보는 앞에서 태연하게 독배를 마시고 죽었다.

소크라테스의 인상적인 죽음에 충격을 받은 그의 수제자 플라톤은 마침내 영혼불멸 사상의 열렬한 신봉자가 되었으며, 그의 논문집인 파에돈(Phaedon)은 영혼불멸의 교과서로 자리 잡고, 중세기까지 서방 정신문화의 기초를 이루게 되었다.

영혼불멸 사상은 고대 헬라의 신비주의에 기초를 둔 이교 사상이라는 사실을 "유대 백과사전"은 다음과 같이 밝히고 있다. "영혼불멸 신앙은 헬라 사상, 특별히 바빌로니아와 이집트의 신비 종교를 혼합했고, 플라톤의 철학과 접촉함으로써 유대인들에게 유입되었다"(the Jewish encyclopedia, Vol. Vi(New York: Funk & Wagnalls Co, 1904), 564.566).

3세기: 영혼불멸 사상의 중심지인 알렉산드리아

헬라 문화의 중심지였던 알렉산드리아에는 당대 최대 규모의 신학교가 있었는데, 3세기 초에 그 신학교에서 교장을 지낸 천재적인 학자 오리겐(Origen, 158~254)은 영혼불멸 사상을 교회에 소개했다. 그는, "하나님 자신이 영원하고 불멸인 것처럼, 인간의 영혼도 불멸이다. 나는 영혼불멸을 믿는 진정한 플라톤주의자이다"(Ante-Nicene Fathers, Vol. IV, 314. 402)라고 자처하면서, 이교의 윤회사상까지 받아들여, "전생에 지은 죄 때문에 인간이 육체 안에 갇혀 형벌을 받는 것이며, 행위에 따라 천사들도 사람이나 악령이 될 수 있다"는 주장까지 하게 되었다. 영혼은 불멸한다는 사상을 믿으면 아무리 천재적인 사람이라 할지라도 성경의 진리를 벗어나게 된다.

오리겐과 같은 시대에 살았던 북아프리카 칼다고 출신의 라틴 교부 터툴리안(Tertullianus)도 플라톤의 영혼불멸을 주장하고, 더 나아가서는 의인의 영혼이 영원한 복락을 누림과 같이 악인의 영혼도 지옥불에서 영원히 탄다는 영원 지옥설을 최초로 주장했다. 그리하여 죄의 결과인 "사망"을 "영원한 불행과 고통"으로 바꾸어 놓았다. 오늘날 영원한 지옥의 가르침은 성경에 근거한 것이 아니라 영혼불멸을 전제로 한 터툴리안의 이교사상에 의한 것임을 알아야 한다.

5세기: 연옥 신앙의 문을 연 어거스틴(Augustine, 354~430)

북아프리카의 히포 출신인 당대 최고의 신학 교부인 어거스틴은 로마제국에 편만했던 영혼불멸 사상으로 중세 카톨릭의 신학적 기초를 세웠다. 그리하여 본격적으로 교회 안에서 가르쳐지기 시작했다. 그 가르침에 의해 카톨릭은 천 년 이상 중세시대를 지배했고, 어거스틴의 이러한 비성서적인 가르침 때문에 종교개혁이 일어난 계기가 된 것이다.

어거스틴은 33세에 카톨릭으로 개종하였는데, 그전까지 마니교의 신자였으며 플라톤주의를 열렬히 신봉했었기 때문에 기독교로 개종한 이후에도 그 영향력에서 벗어나지 못하였다. 그는 플라톤의 영혼불멸 사상을 성경의 가르침으로 만들기 위해서 무리하게 성경을 해석하는 잘못을 범하였다. 그는 "개개인 영혼의 운명은 죽는 즉시 결정됨과 동시에 내세에는 정결케 하는 고통(연옥)이 있다"(F.L. Cross, the Oxford Dictionary of the Christian Church(Oxford: Oxford University), p.1144)고 가르침으로써, 연옥의 개념을 교회 안으로 가지고 들어왔다. 어거스틴의 이러한 연옥의 교리는 "플라톤의 그치지 않는 고통의 장소" 개념을 따른 것이다.

그로 인하여 카톨릭의 연옥에 관한 교리의 기초가 놓였으며, 교황 그레고리에 의해서 서기 582년에 교리로 인정되어, 기상천외한 연옥에 관한 신앙이 생기게 되었다. 지금까지 나온 영혼불멸의 지지자들 터툴리안, 오리겐, 어거스틴 등이 모두 헬라의 영혼불멸 사상의 본거지인 알렉산드리아를 중심으로 한 북아프리카 지방의 교부들임은 결코 우연한 일이 아니다.

13세기~16세기: 이단이 되어버린 참 그리스도인들

영혼불멸 사상과 그것에 기초해서 생긴 연옥 신앙은 13세기의 스콜라 철학자요 신학자인 토마스 아퀴나스에 의해서 확고한 신학으로 집대성되었으며, 그로부터 50년 후에는 단테의 그 유명한 신곡(神曲)이라는 서사시를 통해 영혼불멸 사상에 입각한 지옥, 연옥, 천국이 민속신앙으로 소개되었다. 이러한 과정을 거치는 동안 성경과는 전혀 상관없는 영혼불멸 사상이 교회 안에 널리 퍼지게 된 것이다. 그리하여 종교개혁의 불길이 일어나기 직전에 열린 제5차 라테란 종교회의에서 교황 레오 10세는 다음과 같은 역사적인 교서를 반포하기에 이르렀다.

"어떤 사람들이 영혼의 속성은 죽을 수 있는 것이라고 주장하는 것과는 달리, 우리는 거룩한 회의에서 결정된 대로 영혼은 불멸이며, 영혼은 죽게 된다고 주장하는 자들을 정죄하고 배척하며 그와 같은 그릇된 주장에 집착하는 모든 사람을 이단으로 징벌하여야 할 것임을 명한다"(H.J. Schroeder, Disciplinary Decrees of the General Councils, 483. 487).

이때부터 이교적이요 비성서적인 영혼불멸을 반대하는 그리스도인들은 공식적으로 이단이 되고, 가혹한 처벌의 대상이 되었다. 참된 그리스도인들이 이단으로 정죄 받았고, 이교의 철학과 사상이 성경의 교리로 자리바꿈 된 역사적 아이러니가 아닐 수 없다.

04

조건적 불멸과 악인 소멸

　영혼불멸과 반대되는 조건적 불멸과 악인 소멸(멸절) 신앙의 근원은 어디에 있으며, 그것은 어떻게 전수되어 왔는가? 조건적인 불멸과 영혼 소멸의 신앙은 "선악을 알게 하는 나무의 실과는 먹지 말라 먹는 날에는 정녕 죽으리라"(창 2:16,17)는 하나님의 말씀에 드러나 있다. 하나님의 말씀에 순종하여 범죄하지 않으면 불멸의 영생을 받게 된다는 것이 조건적 불멸이다.

　반대로 불순종하여 범죄하면 죄의 값인 사망에 이른다는 악인 소멸이다. 이러한 신앙은 구약 시대부터 모든 믿음의 조상들과 선지자들에 의해 확고하게 옹호되었으며, 성경의 일관된 신앙이다. 영혼불멸 사상은 성경에 결코 용납될 수 없음을 [유대 백과사전]에는 이렇게 진술하고 있다. "육신이 죽은 뒤에도 영혼은 계속 존재한다는 신념은 철학적이고 신학적인 사조에 불과

한 것이며, 성경 어디에도 가르쳐진 곳이 전혀 없다. … 죽은 후에도 영혼이 계속적인 생명을 누린다는 신앙은 원시적인 조상 숭배와 악령과 접신하는 강신술(降神術, 삼상 28:13; 사 8:19)의 기초를 이루었던 것인데, 생명의 하나님이신 여호와를 믿는 믿음에 적대 되는 것이다"(The Jewish Encyclopedia, Vol. VI, 1904, 564).

다시 말하면 구약 성경은 영혼불멸 신앙을 사탄의 역사로 간주하고 신접한 자들을 모두 죽이라고 여러 번 반복하며 영혼불멸을 철저히 배척하고 있다(레 19:31; 20:6, 27; 삼상 28:9; 대상 10:13; 사 8:19).

구약만 그러한 것이 아니라 신약 시대도 마찬가지이다. 예수님은 물론 모든 사도들과 신약 성경 전체는, 당시에 편만했던 헬라의 영혼불멸 사상을 결코 용납하지 않았으며, 유대교 내부까지 깊이 침투해 있던 그릇된 내세관을 정면으로 배척했다(마 22:23~33; 행 4:2; 23:8). 예수님과 사도들이 전한 복음은 마지막 심판 후 재림할 때 있을 몸의 부활로 인한 불멸이었지, 죽은 후에 바로 일어나는 영혼의 불멸이 아니었다(사 26:19; 요 11:25,26; 고전 15:52~54; 살전 4:16).

이러한 사도 교회의 성경적인 부활신앙, 곧 조건적인 불멸신앙은 사도들의 뒤를 이은 제자들에 의해서도 일관성 있게 유지되었다. 사도 바울과 직접 친교를 나눈 것으로 알려진 로마 교회의 감독 클레멘스(Clement of Rome), 베드로의 후계로 알려진 안디옥의 감독 이그나티우스(Ignatius), 요한의 제자로 알려진 서머나의 감독 폴리캅(Polycarp)을 비롯하여, 당시 문서들의 모음인 디다케(Didache)라는 교훈집, 바나바(Barnabas) 서신, 헤르마스(Hermas)의 목양서 등에는 영혼의 불멸이 아니라 육신의 부활을 강조하고 악인의 영원한 소멸을 기록하고 있어 영혼 문제에 대한 사도들의 신앙이 그다음 세대까지도 유지되고 있음을 알 수 있다.

하지만 사탄과 그의 대리자들의 공격으로 교회에는 이교의 가르침이 편만하게 되었고, 성경의 진리는 거의 파묻히게 되었으며, 참된 그리스도인들은 순교의 피로 성경의 진리를 고수할 수밖에 없는 시대가 이어져 왔다.

왈덴스인(the Waldenses)

교회와 세상의 역사는 하나님과 사탄 사이의 전쟁이다. 사탄의 맹렬한 공격으로 교회 안에 이교의 가르침이 넘쳐났지만, 하나님께서 이대로 물러설 수만은 없었다. 성경의 진리를 회복시키고자 12세기에 접어들면서 영혼불멸이 아니라 성경적인 조건적 불멸을 옹호하는 음성이 가냘프지만 다시 들리기 시작한다. 12세기 이후 성경의 진리를 고수하며 알프스 산중에 칩거하던 종교개혁의 선구자들인 왈덴스인은 카톨릭의 영혼불멸 교리가 이교적인 사상이며, 그것이 연옥의 교리와 죽은 자들을 위한 미사를 뒷받침한다고 반대함으로써 혹독한 핍박을 받았지만, 목소리를 그치지 않았다.

위클리프(John Wycliffe)

14세기가 밝아오자, "종교개혁의 새벽별"로 불리는 영국 옥스퍼드 대학의 교수 위클리프(John Wycliffe)가 과감히 일어나 "죽음 이후부터 부활의 순간까지 완전한 무의식의 세계에서 잠을 잔다"(Samuel Moraand, the History of the Evangelical Churches of the Valleys of the Piedmont(London:Henry Hills, 1658), 142~195)고 가르쳤다. 그는 영혼불멸 사상 때문에 이미 죽은 성자숭배와 죽은 자들을 위한 기도, 그리고 연옥의 교리가 생겨났음을 지적하며 영혼불멸을 강력하게 반대했다.

틴데일(William Tyndale)

15세기, 영국을 대표하는 종교개혁자인 틴데일은 헬라어 성경을 최초로 영어로 번역했고, 그 죄목으로 화형을 당한 순교자이다. 킹제임스 성경의 70%가 틴데일의 성경에 근거한다. 성경 원어에 대한 해박한 지식과 깊이 있는 연구로 틴데일은 다니엘서와 요한계시록의 적그리스도가 교황청임을 밝혔고, 카톨릭교회가 가르쳐 온 영혼불멸과 죽은 다음에 영혼이 몸에서 빠져나와 천국이나 지옥 또는 연옥에 간다는 가르침을 부인하고, 재림할 때 있는 부활을 그리스도인의 유일한 소망으로 제시하였다. 그는 카톨릭 교회를 향해 이렇게 외쳤다. "그대들은 몸을 떠난 영혼이 천국이나 지옥에 간다고 가르침으로써, 그리스도와 바울이 입증한 부활의 논증을 파괴하고 있다. 참된 믿음은 부활에 근거하고 있으며, 그것을 매 순간 바라보도록 강조하고 있다. 이교의 철학자들은 이것을 부인하고 영혼은 언제나 살아있다고 강조하고 있다. 교황은 그리스도의 영적인 가르침과 철학자들의 인간적인 가르침을 함께 섞어 놓았으나 이것들은 상반되기 때문에 조화될 수가 없다. 내게 말해 보라. 만약 영혼들이 하늘에 있다면, 그들이 새삼스럽게 부활을 받아야 하는 까닭이 무엇이란 말인가?"(D. Neal, History of the Puritans, Vol. 1, 269).

틴데일은 영혼불멸과 부활신앙은 논리적으로 서로 공존할 수 없다는 결론을 내렸다. 사람이 죽는 순간에 영혼이 천국이나 지옥 또는 연옥에 가버린다면, 행한 대로 갚아주는 때인 그리스도의 재림은 무슨 소용이 있으며, 부활은 무엇 때문에 있어야 하느냐는 질문을 던졌다.

마르틴 루터(Martin Luther)

마침내 16세기에 접어들면서, 오랫동안 중세 교회에 억눌렸던 신앙 양심은 폭발하여 1517년 독일을 시작으로 종교개혁이 일어난다. 종교개혁의 큰 별 루터는, 인간의 행위가 아니라 믿음과 은혜로 받게 되는 구원을 선포했으며, 인간의 전통이 아니라 하나님의 말씀만이 신앙의 기준이 됨을 선언했다. 그리고 무엇보다 연옥의 교리로 사람들을 위협하여 면죄부 판매로 수익을 올리던 교회의 타락이 "영혼불멸"과 "영원형벌" 신앙에 근거했음을 지적했다.

루터는 1520년 11월 29일에 발표한 41개 신조에서 "영혼이 불멸이라는 신조는 터무니없는 다른 견해들과 함께 카톨릭교회의 교리집 쓰레기 더미에서 발견되는 것이다"(The Problem of Immortality, p. 256 by Petavel)라며 거절했다. 종교개혁운동의 선봉장인 루터는 영혼불멸 사상이 없었으면 면죄부도 없었을 것이라며, 영혼불멸 때문에 파생된 연옥과 죽은 성자숭배를 부인하였고, 죽음은 무의식의 잠이라고 가르쳤다.

루터의 호소를 들어보자. "하나님 아들의 고귀한 피를 통하여 구원받은 우리 그리스도인들은, 죽음을 두려워하는 대신에 그것을 깊고, 달콤한 잠으로 생각해야 한다. 그리하여 관에 들어가는 것을 천국이나 지옥에 가는 것으로 착각하기보다는 무덤 속에서 무의식 상태로 잠자는 것으로 받아들여야 한다. 이러한 믿음은 하나님 앞에서 명백한 진리로 판명될 수 있다"(Christian Song Latin and German, for Use at Funeral, 287).

1532년 루터는 전도서 주석을 써서 사람이 죽으면 절대 무의식으로 돌아간다는 사실을 강력히 논증했다(전 9:4~6; 3:19~21). 이렇게 종교개혁자들을 통해 이교의 교리는 부인당하고 성경의 진리가 세워지는 역사적인 순간에 참담한 일이 벌어진다. 무슨 일이 벌어졌는가?

05

칼빈을 통해서 들어온 영혼불멸 신앙

오랫동안 이교적인 영혼불멸 사상이 교회의 공식적인 신조가 된 분위기 속에서 성장한 젊은 카톨릭 신자였던 칼빈은 개신교회로 개종한 지 2년째가 되던 해인 1534년(25세)에, 재침례교(Anabaptists) 신자들을 비롯 성경적인 그리스도인들이 영혼불멸을 반대하고 죽음을 잠자는 것과 같은 무의식으로 가르치자, 그들을 이단으로 정죄하는 논문인 "혼수론"(魂睡論)을 발표했다.

그 결과 종교개혁자들의 성경 연구로 말미암아 진리를 회복할 수 있는 절호의 기회에 찬물을 끼얹었고, 오늘날 장로교를 비롯한 대부분의 교회가 영혼불멸 신앙을 따르도록 만드는 심각하고 불행한 계기가 되었다. 칼빈의 가르침은 카톨릭의 교리를 개신교 용어로 수정한 다음 교회에 들어온 것이었다.

"혼수론"이 개신교회로 개종한 지 불과 2년 만에 나온 논문이고, 그것을 저술할 때 칼빈의 나이가 25세라는 어린 나이였음을 생각할 때 그가 저지른 신학적 과오를 감안할 수 있지만, 그가 남긴 결과와 영향은 참으로 회복할 수 없을 정도로 그 상처가 크고 깊다.

무엇보다도, 칼빈에 앞서 성서에 입각한 종교개혁을 주도했던 왈덴스인, 위클리프, 틴데일, 루터 등이 이미 중세 교회의 영혼불멸 교리가 이교적인 사상임을 지적하고 개혁에 나선 이후임을 생각할 때, 종교개혁의 주역인 칼빈이 취한 이교적이요 비성서적 입장은 참으로 유감스러운 것이다.

칼빈이 받아들인 영혼불멸 신앙은 도대체 어디에 기초를 둔 것인가? 칼빈은 그의 유명한 저서인 "기독교 강요"(Christianae Religionis Institutio)에서 "플라톤은 영혼은 불멸의 본질이라고 바르게 단언하였다"(기독교 강요 제1권 15장 6항, '영혼과 그 기능' 中)라며 자신의 가르침이 플라톤의 사상에 근거했음을 밝히고 있다.

칼빈과 플라톤은 영혼에 대해서 다음과 같이 매우 유사하게 설명하고 있다.

영혼에 관한 칼빈의 정의

"사람의 신(spirit) 혹은 영혼(soul)은 몸과 구분되는 본질이다.

… 몸이 죽은 후 영혼은 감각과 지성을 갖춘 채 살아있다. 여기에서 나는 영혼의 불멸 이외에 어떤 다른 사상은 있을 수 없다는 사실을 단언한다"(기독교 대백과사전 8, 1246. Mead, 86,87).

"만약 몸이 영혼의 감옥이라면, 만약 땅 위의 거처가 일종의 속박이라면, 영혼이 이러한 감옥으로부터 자유롭게 될 때, 이러한 속박으로부터 풀려날 그때의 영혼의 상태가 어떠하겠는가?"(John Calvin, Tracts and treatises in Defense of the Reformed Faith, 1958. 443. 444).

영혼에 관한 플라톤의 사상

"죽음이란 몸이 영혼으로부터 분리되어 존재하고, 영혼이 몸에서 분리되어 존재하는 것을 의미하지 않는가? 우리가 몸에 의해서 방해를 받고 있는 한, 그리고 우리의 영혼이 그토록 큰 악에 의해서 더럽혀져 있는 한, 우리는 결코 우리가 원하는 것을 충분히 얻을 수 없다. … 만약 우리가 어떤 것에 대한 분명한 지식에 도달해 보고자 한다면, 우리는 몸에서 분리되어야 한다"(Plato, Phaedo, New York: Hurst & Company, 1885, 14).

칼빈과 플라톤의 주장이 거의 흡사함을 볼 수 있다. 칼빈은 영혼불멸 사상과 영원지옥 신앙을 끝까지 고수함으로써 영혼 문제에 대한 종교개혁을 무용지물로 만들었다. 칼빈의 정의 속에 헬라 사상이 너무나 뚜렷이 드러나 있기 때문에, 어떤 학자는 "혼수론"에 대해서 "기록은 칼빈의 손으로 했지만, 목소리는 플라톤의 목소리이다. 성경에서 시작했다가 플라톤의 파에돈에서 끝난다"라고 개탄했다.

영혼이 몸을 떠나 존재한다는 영혼불멸 사상은 고대 이집트에서 발현되어, 소크라테스에 이어 플라톤이 헬라 철학으로 집대성했고, 그것은 어거스틴에게 전수되고 중세 카톨릭교회의 교리로 정립되었으며, 안타깝게도 칼빈이 고수함으로 영혼 문제에 관한 종교개혁은 무효가 되고 만 것이다. 수많은 종교개혁자들과 성서신학자들이 영혼불멸과 연옥을 강력하게 부인하면서 중세기 카톨릭의 비성서적 신학을 개혁하고 나섰던 그 순간에, 슬프게도 플라톤의 사상을 이어받은 칼빈은 카톨릭의 가르침을 개신교회에 전수하여, 오늘날 교회에 뿌리 깊이 내리게 된 것은 참으로 통탄할 일이다. 칼빈이 훌륭한 많은 개혁을 이룬 것은 사실이다. 그의 모든 업적을 무효로 만들 생각은 없다. 다만 이 문제에 있어서 칼빈이 다른 종교개혁자들처럼 성서적 진리를 깨달았다면 영혼이 죽는 순간에 천국이나 지옥에 간다는 사상은 종교개혁에 밀려서 사라져 버렸을 것이다.

06

하나님의 반격

그러나 하나님은 이러한 상황을 그냥 내버려 두지 않으시고, 양심적이고 진실한 학자들을 일으키셔서 반격을 시도하셨다.

존 밀턴(John Milton)

17세기 "실낙원"의 저자인 존 밀턴은, 영혼에 대한 문제의 핵심을 명쾌하게 이렇게 얘기했다.

"만일 우리가 이방종교에서 가르치는 교리를 받아들이지 않는다면, 사람 자체가 바로 살아있는 영혼이라고 말하는 성경의 가르침을 이해하게 될 것이다. 사람은 본질적으로 분리될 수 없는 존재이며, 많은 사람이 생각하는 것처럼 두 개의 다른 존재, 즉 영혼과 몸이 합쳐져서 만들어진 존재가 아니다. 사람 자체가 살아있는 영혼이기 때문에 영혼은 몸, 이성, 감각, 활동력, 개성을 가진 존재를 말하는 것이다. 하나님께서는 인간의 몸에 생명력을 주기 위해서 호흡을 불어넣으셨는데, 인간의 몸에 생명의 호흡이 불어넣어지는 순간, 인간은 '살아있는 영혼'이라는 이름으로 존재하게 되었다"(The Prose Works of John Milton, Vol. 4, p188).

"죽음은 생명력이 사라지는 것을 의미한다. 영혼이 몸으로부터 분리되는 것을 죽음이라고 정의하는 견해는 도무지 받아들일 수 없는 가르침이다. 사람이 죽을 때, 어떤 부분이 분리된다는 말인가? 영혼이 분리되는가? 만일 그렇다면 몸은 어떻게 되는가? 영혼은 살아있고 몸은 죽어 있는 상태를 어떻게 죽음이라고 부를 수 있는가? 죽어 있지만 여전히 생명력을 가지고 살아있는 상태를 어떻게 죽음이라고 부를 수 있는가? 그러므로 영혼과 몸이 분리되는 현상을 죽음이라고 정의할 수 없다"(The Prose Works of John Milton, Vol. 4, p 279).

블랙번(Frances Blackburne, 1704~1787)

18세기에 들어서도 영혼불멸의 비성경적 교리를 개혁하려는 노력은 계속되었다. 성공회 목사요, 역사가인 블랙번은 케임브리지 대학 출신의 탁월한 학자로서, "15세기부터 18세기에 이르기까지 영혼불멸과 부활신앙에 관한 논쟁"을 책으로 써서 그 진상을 파헤쳤다. 이 책에서 그는 개신교회가 카톨릭과 칼빈의 전통에 얽매여 영혼불멸을 고수함으로써 종교개혁을 완성하지 못한 것을 크게 책망했다. "아담으로부터 마지막 사람의 부활이 있기까지, 죽은 사람의 영혼이 살아서 의식하고 활동하며 행복과 불행을 능히 경험한다고 하는 것은, 이교의 철학과 전통이며 그리스도교의 모든 진리를 뒤집어엎는 일이다"(Frances Blackburne, 69)라고 탄식했다.

글래드스턴(W. E. Gladstone, 1809~1898)

19세기에 네 차례에 걸쳐 영국 총리를 지낸 정치가요 신학자이기도 한 글래드스턴은, 그의 저서에서 플라톤의 영혼불멸 사상이 오리겐과 어거스틴을 통하여 초대 교회에 침투했음을 밝히고, 그것이 "성경에 입각한 그리스도인 신앙에 어긋남에도 불구하고, 효과적이면서도 조용한 과정을 거쳐 뒷문을 통하여 교회 안으로 숨어 들어왔다"(W.E. Gladstone, Studies Subsidiry to tne Works of Bishop Butler(Oxford: the Coaren-don Press, 1896), 189)고 지적했다.

20세기

20세기가 밝아오자, 각 교단 교파를 대표하는 성서신학자들이 더욱 밝혀진 성경 진리의 빛을 통해 영혼불멸이 아니라 조건적인 불멸을 옹호하는 지성과 양심의 소리가 드높여졌다. 성공회의 최고 지도자인 캔터베리 대주교 템플(William Temple, 1881~1944)은 영혼불멸이 플라톤의 이교 사상임을 지적하고 부활 때에 부여되는 불멸을 강조하는 한편 연옥과 지옥에 대한 로마 카톨릭교회의 가르침이 전적으로 비성경적임을 거듭 강조했다.

모팻 역(譯) 성경으로 잘 알려진 스코틀랜드 장로교의 신학자인 모팻(James Moffatt), 스웨덴의 루터교 신학자인 니그렌(Anders Nygren), 미국의 개혁교회 신학자인 라인홀드 니버(Reinhold Niebuhr), 스위스의 신학자인 에밀 브루너(Emil Brunner), 칼 바르트(Karl Barth), 독일 루터교의 신학자인 불트만(R. Bultmann), 미국 하버드의 신학자 틸리히(Paul Tillich), 영국 침례교 신학자인 스크로기(W. G. Scroggie) 등은 일반에게도 알려진 근대의 신학자들이다. 특히 현대 칼빈주의 대표 신학자인 벌카워(G. C. Berkouwer)도 칼빈의 이중 예정과 함께 영혼불멸 신앙의 모순을 느끼고 성경적인 조건적 불멸의 신앙으로 전환한 것은 학자의 양심을 가진 신앙인의 떳떳한 태도이다.

오스카 쿨만(Oscar Cullmann)

20세기를 대표하는 최고의 신학자로 꼽히는 독일의 오스카 쿨만은 "영혼의 불멸인가? 죽은 자의 부활인가?"라는 세계적인 파문을 일으키는 논문을 발표했다.

"누구든지 죽음을 정복하기 원한다면 먼저 죽어야 하는데, 즉 몸과 영혼이 함께 죽음으로써, 하나님께서 인간에게 부여하신 생명력 자체를 잃어버려야만 한다. 죽은 자의 부활에 대한 그리스도 교회의 소망과 영혼불멸에 대한 헬라 사상 사이에는 근본적인 차이가 있다 … 영혼불멸을 믿는 헬라 사람들은 무엇보다도 그리스도교의 부활 설교를 받아들이기가 가장 어려웠다 … 신약에는 '영혼불멸이냐? 죽은 자의 부활이냐?'라는 질문에 대한 대답이 명백하게 기록되어 있다. 소크라테스와 플라톤의 가르침은 결코 신약의 가르침과 조화될 수 없다"(Immortality of the Soul or Resurrection of the Dead? p.8).

오스카 쿨만은 영혼불멸과 부활은 동시에 믿을 수 없는 상반되는 사상이라는 사실을 강조하면서 다음과 같은 호소를 모든 기독교회와 신자들에게 하고 있다.

"오늘날 그리스도 교회가 영혼불멸과 부활신앙을 혼합해서 받아들임으로써 빚어진 신학적 착오와 신자들의 혼동은 나로 하여금 침묵을 지키지 못하게 하고 있다. 영혼불멸을 받아들이면, 그리스도교회의 핵심인 부활신앙을 부인하는 결과를 초래하기 때문에, 나는 더욱 가만히 있을 수가 없다. 교회는 고린도전서 15장을 플라톤의 영혼불멸 교리인 '파에돈'(Phaedon)을 성립시키기 위하여 희생시켰는데, 나는 이 사실을 도저히 덮어

둘 수 없다"(Immortality of the Soul or Resurrection of the Dead? p.9).

이 논문이 나오자, 교계의 저항은 격렬했다. 그러나 쿨만은 이렇게 얘기했다. "어느 비판자도 성경으로 나를 반론하지 않고, 철학적인, 심리학적인, 무엇보다도 감정적인 막연한 이유로 공격하고 있다. … 초대 교회의 부활 신앙은 헬라의 영혼불멸과 조화될 수 없는 것이 사실이 아닌가? 초대 그리스도인들에게 있어서 영혼은, 본질적으로 불멸이 아니라 예수 그리스도의 재림을 통해서만 불멸의 것이 된다"(Immortality of the Soul or Resurrection of the Dead? p.7, 12)

성경에 어긋나는 신앙은 그리스도교의 신앙이 아니다. 철학이나 전통이 성경을 대신해서는 안 된다. 쿨만의 말처럼 영혼불멸과 부활은 동시에 믿을 수 없으며, 이것은 서로 어긋나는 신앙이다.

종교개혁 이후 현대에 이르기까지 많은 성서학자는 영혼이 죽으면 천국이나 지옥에 가는 것이 아니라 부활의 아침까지 잠을 잔다고 믿고 가르쳤다. 산소를 발견한 과학자인 프리스틀리(Joseph Priestley), 만유인력의 법칙을 발견한 뉴턴(Newton), 영국 찬송가의 아버지요 신학자인 아이삭 왓츠(Isaac Watts), 헬라어 성경을 독일어로 번역한 스테그만(Joachim Stegmann) 그리고 성경주석학자로 손꼽히는 델리취(Feanz Delitzsch), 델

리취는 구약성경 주석에서 "성경 전체는 영혼이 불멸한다는 것에 대해서 전혀 말하고 있지 않다. 성경적인 관점에서 볼 때, 영혼은 죽음에 이른다"(Questions on Doctrine(Washington, D. C; Review and Herald, 1957), 591)라고 단언하였다.

중세 교황청이 지배하던 시기, 많은 종교개혁자는 영혼불멸을 반대한 죄목으로 화형에 처해졌다. 1611년 4월 레가트와 위트만은 화형을 당하기 전에 이렇게 고백했다.

"우리는 성경에 기록된 대로 죽은 자의 부활을 믿습니다. 지금 천국이나 지옥, 연옥에 가는 것이 아니라 주님께서 그의 천사들과 함께 구름을 타고 오실 때, 죽은 상태에서 우리 각자의 영과 육이 일어날 것이며, 그때 각 사람의 행위대로 심판을 받게 될 것을 믿습니다"(A. J. Mills, Earlier Life-Truth Exponents(London: Elliot Stock, 1925),14).

이토록 고결한 성서적 신앙이 어째서 화형에 처할 이단의 신조가 되었는가? 종교적 편견에 사로잡힌 다수는 참으로 맹목적이기 때문에 더욱 무서운 것이다. 사탄은 이 진리를 몹시 싫어한다. 왜 그런가? 영혼이 불멸해서 어디론가 떠다닌다고 해야 사람들을 속일 수 있기 때문이다. 이것은 복잡한 신학 얘기가 아니다. 또한 이 문제는 "아무거나 믿으면 어때?"하면서 가볍게 넘길 것이 아니다.

당신 앞에 죽은 자가 살아나서 "내가 누구다"라고 할지라도 절대로 속지 마라. 그는 귀신이지 죽은 영혼이 아니다. 우리가 어떤 믿음을 가지고 있느냐에 따라 성경의 전체적인 말씀을 잘못 이해할 수 있고, 사탄에게 속아 귀신의 가르침을 따라가다가 영원한 멸망에 처할 수 있다.

죽음 이후에도 영혼이 존재한다는 영혼불멸 사상은 성경에 근거한 진리가 아니라, "거짓의 아비"(요 8:44)인 사탄이 에덴동산에서 한 최초의 거짓말(창 3:4)에 기초한 것임을 성경과 역사적 증거로 확인했다. 그런데도 오늘날 다수의 기독교회가 바벨론의 취하게 하는 독주(계 17:1~5)인 영혼불멸 사상을 마시고 있는 것은 참으로 안타까운 일이다. 이 영혼불멸의 취하게 하는 술잔은 결국 부활의 교리에 심각한 오해를 낳게 만들고, 더 큰 문제는 몸은 죽어도 영혼은 죽지 않는다는 사상을 통해, 사탄은 사람들과 교통하는 무서운 접신술을 하고 있다. 인류의 역사만큼이나 오랜 기록을 가진 이 술수는 혼을 부르는 무당 굿에서부터, 죽은 사람의 혼백에게 물어 점을 치는 각종 점술을 비롯하여, 이래저래 불안한 현대인들이 휩쓸려 들어가는 심령과학으로 불리는 강신술과 점성술의 배후이기도 하다.

무속인들이 굿판을 벌일 때, 죽은 조상이나 지인들이 그들을 통하여 말하는 것을 본 적이 있을 것이다. 이들이 천국에 있다가 내려왔는가? 지옥에 있다가 올라왔는가? 이 모든 것은 사탄과 그의 패거리인 귀신의 장난이다.

그런데 교회에서도 이런 일들이 있다. 성경 진리의 말씀대로 사람의 죽음을, 몸과 영혼이 함께 죽는 것으로 이해한다면 아무도 속을 필요가 없을 것이다. 영혼불멸이 성서적 진리가 아니라는 것을 이해하면, 천국지옥 다녀왔다는 간증이 전부 사실이 아니라는 것을 알 수 있다. 그들이 뭔가를 보고 왔을 수는 있다. 하지만 그것은 하나님께서 보여준 것이 아니고, 그들이 실제 천국지옥을 다녀온 것도 아니다.

이러한 영혼불멸을 통한 온갖 속임수에 대해, 특별히 마지막 시대 사람들에게 성경은 더욱 경고하고 있다. "사람들이 믿음에서 떠나 미혹하는 영과 귀신의 가르침을 따르리라 하셨으니"(딤전 4:1). 영혼불멸의 속임수를 통하여 죽은 사람의 영혼으로 위장하여 산 사람의 마음을 지배하려는 사탄의 계교는 언제나 치명적이다. 그래서 구약 시대에는 이러한 신앙을 행사하려는 술사나 무당들을 근절시켰으며(출 22:18; 레 19:31; 신 18:10~12), 거짓 선지자나 술사에게 미혹되지 말고(렘 27:9; 사 8:19~22), 하나님의 말씀만을 따르도록 경고하고 있다.

결국 영혼불멸 사상과 부활의 신앙은 논리적으로 공존할 수 없다는 결론이며 서로 어긋나는 교리를 동시에 유지하려는 무리한 시도 때문에 오늘날 교회 안에 엄청난 모순과 혼란이 일어나고 있다. 죽는 즉시 영혼이 천국이건 지옥이건, 게다가 연옥까지 모두 가버리고 나면, 행한 대로 갚아 주시는 때인 재림은 무슨 소용이 있고 부활은 무엇 때문에 있어야 하는가?

07

종교적 편견

십자가에 돌아가시기 얼마 전 예수님께서는 최대의 이적을 행하셨다. 죽은 지 나흘이나 되어 무덤에서 썩고 있던 베다니 사람 나사로를 부활시키신 것이다. 이 엄청난 이적을 목도한 많은 유대인은 예수님을 그리스도로 받아들이고 부활을 확신하게 되었다(요 11:45). 그러나 완고한 바리새인들과 부활을 믿지 않는 사두개인 등 종교 지도자들은 자신들의 종교적 권위가 손상당하는 것이 두려워, 잘못이 드러난 자신들의 교리를 바꾸는 대신 부활의 산 증거가 되는 장본인들, 곧 예수님과 나사로를 함께 죽이기로 하고 모의를 시작했다(요 11:47~53; 12:9~11).

참으로 끔찍한 일이다. 자신들이 대대로 신봉해 온 잘못된 교리를 바꾸는 것보다 구주요 하나님의 아들이신 예수님과 나사로를 죽이는 일이 훨씬 쉬웠다는 사실이다. 종교적인 편견보다 더 무서운 것은 없다.

오늘날도 마찬가지로 "죽은 자는 아무것도 모"(전 9:5)른다고 수차례 반복한 성경 말씀은 제쳐 놓고, 이교의 가르침과 헬라의 영혼불멸 사상을 좇아 "결코 죽지 아니하리라"(창 3:4)는 거짓말을 철석같이 믿고 있는 것을 보면 종교적 편견이 성경보다 강하다는 것을 확인할 수 있다.

지금까지 영혼불멸과 조건적 불멸인 부활 신앙에 대한 성경적이고 역사적인 사실을 확인하면서 독자는 어떤 선택에 이르게 되었는가? 소속되어 있는 교단의 전통적인 교리를 고수하기 위해 성경의 분명한 가르침을 외면하거나 부인하게 된다면, 예수님 당시의 종교 지도자들과 다름이 없지 않은가? 종교적 편견이 무서운 것도 사실이고, 편견에 사로잡혀 엄숙한 판단을 그르치는 것도 참으로 불행한 일이다.

앞서 언급한 20세기를 대표하는 신학자인 쿨만 교수의 신앙양심선언을 다시 경청해 보자. "오늘날 그리스도교회가 영혼불멸과 부활신앙을 혼합해서 받아들임으로써 빚어진 신학적 착오와 신자들의 혼동은 나로 하여금 침묵을 지키지 못하게 하고 있다. 영혼불멸을 받아들이면, 그리스도교회의 핵심인 부활신앙을 부인하는 결과를 초래하기 때문에, 나는 더욱 가만히 있을 수가 없다. 교회는 고린도전서 15장을 플라톤의 영혼불멸 교리인 '파에돈'(Phaedon)을 성립시키기 위하여 희생시켰는데, 나는 이 사실을 도저히 덮어둘 수 없다"(Immortality of the Soul or Resurrection of the Dead? p.9).

참으로 모든 목사와 신학자, 그리스도인이 들어야 할 바른 양심선언이다. 그렇다. 이교적인 영혼불멸 사상인 플라톤의 "파에돈"을 세워주기 위해 구원의 완성이요 그리스도인의 최고의 소망인 부활의 진리를 희생시킬 수는 없다. 마찬가지로, "파에돈"에 드러난 플라톤의 헬라 사상에 뿌리를 두고 있는 칼빈의 "혼수론"을 무조건 고수하기 위하여, 그리스도인 신앙의 유일한 규범이요, 하나님의 말씀인 성경을 제쳐 놓을 수는 없다. 그것은 지성을 갖춘 그리스도인의 올바른 신앙 양심이 아니다. 헬라적인 영혼불멸 사상과 성경적인 부활신앙은 결코 서로 어울릴 수도 없고 함께 가질 수도 없는 상반된 신앙이다.

성경은 우리에게 이렇게 도전한다. "하나님 앞에서 너희 말 듣는 것이 하나님의 말씀 듣는 것보다 옳은가 판단하라"(행 4:19). 독자는 어떤 선택을 하려고 하는가? 부활은 교리가 아니라, 우리의 구주이신 예수 그리스도 자신이 부활이요 생명이시다. 그러므로 그리스도를 선택하는 것은 부활과 생명을 자신의 것으로 선택하는 것이다.

"영혼불멸인가? 그리스도인가?"

제2장
인간의 본질과 죽음

01

임사체험[Near-Death experience, 臨死體驗]

요즘 임사체험, 유체이탈, 죽었다가 살아난 경험, 이런 내용이 여러 매체에 소개되고 있다.

그 경험이 거의 비슷한데, "한 사람이 응급실로 실려 왔다. 정신을 잃어가는 중이었지만, 자기의 주변에서 의료진들이 바쁘게 움직이는 모습을 느낄 수 있었으며, "이 사람의 혈압이 급속하게 떨어지고 있습니다!"라고 외치는 소리를 들을 수 있었다. 그러고는 얼마 있다가 자기 안에 있는 또 하나의 자신이 몸 밖으로 빠져나가는 것을 느끼는 순간부터 더 이상 몸의 고통을 느끼지 않게 되었고, 공중에 뜨는 것을 느낄 수 있었으며, 자신을 살리기 위해서 애쓰고 있는 의료진들의 모습을 내려다볼 수 있었다. 그런 후에 이 사람은 구름에 쌓여 있는 반투명의 터널을 통과했다. 그러자 천사가 나타났고 과거의 일들을 보여주었다."

이처럼 많은 사람이 이와 비슷한 경험을 했기 때문에, 여러 학자가 죽음 이후의 세계를 연구하고 있다.

1. 임사체험의 본격적인 연구

1970년대 레이먼드 무디(Raymond Moody) 2세와 엘리자베스 퀴블러-로스(Elisabeth Kübler-Ross) 등에 의해 본격적인 연구가 시작됐다. 신경생물학의 발달에 따라 현재 가장 지지받고 있는 이론은 '죽어가는 뇌'(Dying brain) 가설이다. 심장이 멈추면 뇌에 산소 공급이 끊기게 되는데, 이때 뇌는 한순간에 정지하지 않고 일부분 기능을 유지한다. 부위별로 죽어가는 속도가 다르기 때문에, 아직 완전히 죽지 않은 뇌가 이미 기능정지 상태인 다른 뇌 부위를 인식하는 상태인 임사체험이 가능하다는 이론이다.

2. 죽음을 경험한 사람들의 공통적 특징

임사체험을 경험한 사람들에게는 개인차가 있지만 공통적인 경험적 특징을 보이기도 한다.

> ① 의사의 사망선고가 들리며,
>   이때 물리적 육체와 분리되어 이 상황을 지켜보게 된다.
> ② 어두운 터널과 같은 공간을 지나거나 밝은 빛이 비치는
>   등 현실과 다른 공간을 경험한다.
> ③ 작고한 가족 혹은 친지를 만나거나, 예수 혹은 석가와 같
>   은 종교 지도자를 만나는 경험을 한다.

3. 인간 의식의 마지막 시도

임사체험에 대한 견해는 엇갈린다. 경험하는 사람의 과거 기억이 투영된 것인가? 혹은 설명하기 어려운 경험을 추후 꿈을 해몽하듯이 주관적으로 해석한 것으로 볼 것인가? 아니면 모든 사람에게 공통적인 영적인 체험으로 볼 것인가?

독일의 학자 리하르트 킨제어(Richard Kinseher)의 견해를 눈여겨볼 필요가 있다. 그는 임사체험이란 '죽음'에 의미를 부여하려는 인간 의식의 마지막 시도라고 보았다.

4. 유체이탈(Out-of-Body experience)과는 무엇이 다른가?

유체이탈은 임사체험자들이 흔히 보고하는 경험이다. 영혼이 신체를 빠져나온 상태를 자각하는 경험을 의미한다. 영혼이 빠져나온다는 점은 임사체험과 유사하나 사후세계와 관련된 장소에 다다르지 못한다는 점에서 다소 차이가 있다.

이러한 일들을 어떻게 받아들여야 할까? 단순한 환각 상태에서 느껴진 일들인가? 아니면 몸에서 빠져나간 영혼이 실제로 하늘로 가는 여행을 한 것인가? 이 질문에 대해 몇 가지 대답을 할 수 있다.

첫째, 우리 모두가 한 가지 확실하게 알 수 있는 것이 있는데, 그것은 자신이 죽었다가 살아났다고 말하는 사람들은 의사들이 말하는 죽음을 경험한 것이 아니라는 사실이다. 일시적인 심정지가 왔다고 해서 그 사람을 죽었다고 말할 수는 없다. 현재 법적인 죽음이란, 무엇보다도 뇌세포들 대부분이 죽었기 때문에 뇌 기능이 정지되고 다시는 회생할 가능성이 없는 상태를 뜻한다.

둘째, 우리의 뇌는 정신적 충격을 받았을 경우, 다양한 환각 상태를 일으킬 수 있다. 이럴 때 뇌는 우리를 존재하지도 않는 환상적인 장소로 여행시킬 수 있으며, 존재하지 않는 인물이나 대상을 만나게 할 수도 있다.

셋째, 죽음 저편의 세계를 보았다고 말하는 사람들은 대개 자신이 믿는 종교가 무엇인지와 관계없이 천국과 지옥의 모습을 묘사하고 있기 때문에 그들의 경험에서 어떤 일관성을 찾을 수 없다.

죽었다가 살아났다고 주장하는 사람들의 경험을 들어보면, 이 땅에서 우리가 어떻게 살았는지를 불문하고, 또한 하나님의 말씀에 어떠한 반응과 태도를 나타내면서 살았는지를 불문하고, 심지어는 하나님의 진리를 거절하고 예수 그리스도를 부인하였던 불신자들까지도 자신이 죽었다가 살아난 경험을 이야기하면서, 천국에 다녀왔다고 주장하고 있다.

이러한 모순을 어떻게 설명해야 하는가? 그리스도를 믿지 않았던 사람일지라도, 죽음 이후에 그 영혼이 하늘에 다녀왔다는 이야기들을 어떻게 받아들여야 하는가? 성경은 예수 그리스도를 온 마음을 다하여 받아들이고, 그분의 진리에 따라서 순종하는 인생을 살지 않는 사람에게는 결코 구원이 허락되지 않는다고 선포한다.

성경은 사람이 죽는 순간에 몸을 떠나서 다른 세계를 경험하는 불멸의 영혼을 가지고 있다고 가르치지 않는다. 성경은 죽음을 의식이 없는 잠으로써 설명하고 있는데, 그 죽음의 잠은 오직 그리스도께서 이 땅에 강림하시는 사건을 통해서만 깨어날 수 있는 것으로 선언한다.

02

사람이 죽으면 어떻게 되고 어디로 가는가?

많은 학자와 기독교인들이 주장하거나 믿는 것처럼 의인이 죽으면 곧바로 천국으로 가고, 악인이 죽으면 지옥으로 직행하는가? 이 질문은 인간의 사후 상태에 관한 견해의 차이에 불과한 사소한 문제가 아니라 그리스도교의 핵심 교리에 포함될 만큼 중요하고, 그리스도인의 신앙생활에 크나큰 영향을 끼칠 만큼 중대한 것이다. 이 문제는 또한 성경이 제시하는 인간론(anthropology), 즉 인간의 본질과 운명이 무엇인가? 하는 질문에 대한 옳은 답을 추구하는 것이고, 그리스도께서 가르치신 종말론(eschatology), 즉 세상 역사의 끝에 일어날 사건들의 과정과 내용이 무엇인가? 하는 물음에 대한 참된 이해를 탐색하는 것이다.

사람이 죽은 이후에, 영혼이 죽지 않고 살아서 천국이든 지옥이든 아니면 구천을 떠돌든 어딘가에 살아 있다는 가르침은 에덴동산의 사탄의 속임수에서 시작한 것이다. 구약시대 선지자들은 물론이고, 초대교회부터 종교개혁에 이르기까지 오직 성경만을 판단 기준으로 삼았던 개혁자들은 "영혼은 불멸한다"는 플라톤의 철학이 아니라, "영혼은 죽고 부활의 새 아침을 기다리고 있음"을 성경적, 역사적 증언을 통해 확인할 수 있다.

그런데 여전히 성경에는 우리가 죽을 때, 영혼은 하나님께로 돌아간다는 표현이 있는 것은 사실이다. "흙(육신)은 땅으로 돌아가고 영(spirit)은 하나님께로 돌아가리라"(전 12:7). 과연 무엇이 하나님께 돌아가는 것일까? 이 문제를 해결하기 위하여 우리가 먼저 살펴봐야 할 사항은 인간이 어떻게 창조되었고, 그 존재가 어떻게 구성되어 있는가? 하는 것이다. 인간의 역사는 하나님의 창조로 시작되었다. 하나님께서 인간을 어떻게 창조하셨는지를 알면, 인간이 죽었을 때 어떤 상태로 되돌아가게 될 것인지를 알 수 있다. 그리고 이에 대한 성경의 진술은 매우 명확하다.

1. 인간을 만드신 두 가지 재료

"여호와 하나님이 땅의 흙으로 사람을 지으시고 생기(호흡,

숨, 생명력)를 그 코에 불어넣으시니 사람이 생령(生靈, 살아있는 영/혼, living soul)이 된지라"(창 2:7).

<mark>흙 + 생기 = 인간(살아있는 영/혼, 생령, 생명체)</mark>

흙(육체): 하나님께서는 인류의 조상인 아담의 몸을 흙으로 만드셨다. 찰흙으로 공작하듯이 만들었다는 얘기가 아니라 흙과 동일한 원소로 창조하셨다는 얘기다. 과학적으로도 인간의 구성성분이 흙과 동일하다는 사실을 확인할 수 있다.

> **흙의 원소:** 산소, 탄소, 수소, 질소, 칼슘, 카리, 염분, 유황, 인, 철, 마그네슘, 기타
>
> **인체의 요소:** 산소(65), 탄소(18), 수소(10), 질소(3), 칼슘(2), 카리(0.25), 염분(0.3), 유황(0.25), 인(1), 철(0.04), 마그네슘(0.01), 기타(0.05) (%)

보다시피 흙과 육체의 성분이 동일하다. 하나님께서는 흙의 원소들로 인간의 육체를 만드셨다. 그래서 사람이 죽으면 육체를 구성한 화학적 요소들이 흙으로 돌아간다.

생기: 흙에 의해서 몸이 만들어졌지만, 그것이 생명을 갖고 활

동하기 위해서는 생명력이 주입되어야만 한다. 그러므로 하나님께서는 세포에 생명력을 제공하고, 심장을 박동케 하고, 호흡을 하도록 하기 위해서, 하나님의 생명력인 "생기"를 코에 불어 넣으셨다.

그러므로 하나님께서 인간을 만드실 때 사용하셨던 두 가지 재료는 흙과 생기이다. 여기에 다른 무엇이 들어갔는가? 전혀 없다. 따라서 영혼이라는 것은, 인간의 구성요소인 흙과 생기가 결합한 인간을 말하는 것이지, 그 외 별도의 또 다른 개체를 하나님께서 만드신 적이 없다. 생기는 유체이탈한 어떤 귀신 같은 존재가 아니라 하나님께서 인간이 기동하며 살 수 있도록 주신 생명력이다.

2. 창조와 죽음의 공식

창조와 죽음의 공식	
창조	흙+생명의 호흡 ⇒ 사람
죽음	사람 ⇒ 흙+생명의 호흡

하나님께서 인간을 만드실 때 두 가지 재료인 흙과 생기를 사용해서 생명체가 되게 하셨다. 그럼 인간이 죽을 때는 어떻게

되는가? 육체는 흙으로 돌아가고 생기는 하나님께로 돌아가는 것이 죽음이다.

하나님께서 인간을 창조하셨을 때 사용하셨던 두 가지 재료 이외의 어떤 것도 인간의 구성요소에 없다. 하나님께서 흙으로 만드신 육체는 생명이 끊어지는 순간부터 그것의 원래 모습인 흙으로 변하여 땅으로 돌아가고, 생기 즉 하나님께서 주신 생명력은 다시 하나님께로 돌아간다.

창세기 2:7절과 전도서 12:7절의 평행 구조		육 체	생명력
창조	"여호와 하나님이 흙으로 사람을 지으시고 생기를 그 코에 불어넣으시니 사람이 생령이 된지라"(창 2:7)	"땅의 흙으로 사람을 지으시고"	"생기를 코에 불어넣으시니 생령(생명체)"
죽음	"흙은 여전히 땅으로 돌아가고 영(숨)은 그 주신 하나님께로 돌아가기 전에 기억하라"(전 12:7)	"흙은 예전에 있던 대로 땅으로 돌아가고"	"영(숨)은 그것을 주셨던 하나님께로 돌아가리라"

바로 이것이 전도서 12장 7절의 말씀이다. "흙(육신)은 땅으로 돌아가고 숨(생기, 생명력, 영)은 그것을 주신 하나님께로 돌아가기 전에 기억하라"(표준, 전 12:7). 우리는 창세기 2장 7절과 전도서 12장 7절을 비교함으로써, 놀라운 진리의 일치를 발견하게 된다. 창세기 2장 7절에서 "생기"라고 표현되었던 것이, 전도서 12장 7절에서는 "숨" 또는 "영"(spirit)으로 표현되었을 뿐이다.

3. 인간은 왜 죽게 되었는가?

원래 인간은 불멸의 존재, 영생의 존재로 지음을 받았다. 인간은 죽기 위해 창조된 것이 아니다. 인간은 하나님으로부터 "생기" 즉 "생명의 기운"을 부여받았다(창 2:7). 그러므로 생명은 인간이 본질적으로 소유한 능력이 아니라 하나님께로부터 받은 선물이다(참고 행 17:25,28; 골 1:16,17). 단 그것은 최초부터 조건적이었다. 따라서 사람의 생명은 그의 선택에 의하여 불멸할 수도 있었고, 그것을 포기함으로써 상실될 수도 있었다. 그렇다면 어떤 조건인가?

"선악을 알게 하는 나무의 열매는 먹지 말라 네가 먹는 날에는 반드시 죽으리라"(창 2:17)고 하나님께서는 경고하셨다. 이 말은 곧 먹지 않으면 영생한다는 말이다. 그러나 불행하게도 인간은 그 말씀을 지키지 아니함으로 사망에 이르게 되었다(롬 5:12; 6:23). 인류의 시조는 그것을 따먹으므로 죽었고, 그들의 후손들도 모두 죽게 되었다. 그래서 사람은 그가 지은 죄로 인하여 "네가 흙에서 취함을 입었음이라 너는 흙이니 흙으로 돌아갈 것이니라"(창 3:19)는 선고를 받게 되었다. 이 선언은 인간의 죄가 그의 생명 단절을 초래했음을 분명히 하고, 순종을 조건으로 하여 그에게 약속된 영생 또는 불멸이 죄악으로 말미암아 상실되었음을 말해준다.

이처럼 인간이 하나님의 지시를 지키는 조건으로 죽지 않고 영원히 살게 된다는 성경의 가르침을 "조건적 불멸"(conditional immortality)이라 일컫는다. 반대로 "영혼불멸"(immortality)은 인간의 죽음 이후 그의 영혼은 육체로부터 분리되어 죽지 않고 천국이나 지옥으로 가고, 모든 의식과 활동을 계속한다는 의미이다.

영혼은 죽지 않는다는 영혼불멸설은 어떤 부분은 맞고 어떤 부분은 틀리는데, 악인이든 의인이든 모든 영혼은 죽지 않는 영혼불멸이 아니라, 하나님의 말씀에 순종한 의인들만 영원히 불멸하며 영생을 얻는 조건적 불멸이다. 영혼불멸과 조건적 불멸의 차이를 알아야 한다.

03

성경에서 말하는 "영"이란?

1. 구약 성경에서의 "영"과 "호흡"

전도서 12장에서 "영"이 하나님께 돌아간다고 하니 무슨 혼이 빠져나가는 것처럼 생각하는 경우가 있는데, 원어적으로 어떻게 사용되었는지를 살펴보면 더욱 분명하고도 명쾌한 대답에 이를 수 있다.

구약 성경은 히브리어로 기록되었는데, "호흡, 영, 기운"이라는 의미로 사용된 히브리 원어는 "루아흐"(רוּחַ)로서, 구약성경에 총 389회나 등장한다. 구약성경에서 "루아흐"는 "성령"이라는 의미로 94회 사용되었으며, 그 외에는 번역하는 사람이 영혼에 대해서 어떠한 견해를 가졌는지에 따라서 "호흡, 생기, 숨, 기운, 정신, 마음, 신, 영혼, 영"등으로 다르게 번역되어 있기 때문에 자칫 잘못하면 엉뚱한 오해를 하게 된다. 그러므로 이제부터 성경에 나오는 히브리 원어인 "루아흐"가 어떻게 번역되었으며, 또한 어떤 의미로 사용되었는지를 살펴보기로 하자.

시편 146:4 "그 호흡(루아흐 רוח)이 끊어지면 흙으로 돌아가서 당일에 그 도모가 소멸하리라"

인간의 죽음을 설명하는 이 성경 절에서는 "루아흐"가 "호흡"이라는 의미로 올바르게 번역됨으로써, 창세기 2장 7절과도 일관성 있는 조화를 이루고 있다.

전도서 12:7 "영(루아흐 רוח)은 그것을 주셨던 하나님께로 돌아가리라"

"루아흐"가 "영"으로 번역되었지만, 이것은 이미 앞에서 살펴보았던 것처럼, 어떤 귀신 같은 혼을 의미하는 것이 아니라, 하나님께서 태초에 인간의 코에 불어넣어 주셨던 "생명의 호흡"을 뜻한다. 그래서 다른 번역은, "육체가 원래 왔던 흙으로 돌아가고, 숨이 그것을 주신 하나님께로 돌아가기 전에 네 창조주를 기억하여라"(표준, 전 12:7). "그때가 되면 흙에서 온 네 몸은 흙으로 돌아가고 네 생명은 그것을 주신 하나님께로 돌아갈 것이다"(현대어, 전 12:7).

숨 또는 생명이라고 바르게 번역했다.

에스겔 37:5 "주 여호와께서 말씀하시기를 내가 생기(루아흐 רוח)로 너희에게 들어가게 하리니 너희가 살리라"

하나님께서 이스라엘 백성을 영적인 죽음으로부터 부활시키는 모습을 상징하는 이 성경 절에서는 "루아흐"가 "생기"라고 번역되었다.

욥기 27:3 "나의 생명이 아직 내 속에 완전히 있고, 하나님의 기운(루아흐 רוח)이 내 코에 있느니라"

여기서 "루아흐"는 "기운"으로 번역되었는데, "하나님의 기운이 내 코에 있느니라"라는 표현을 볼 때, 우리는 여기에 나오는 하나님의 "기운"(루아흐)이 하나님께서 태초에 인간을 창조하셨을 때 사용하였던 그 "생기, 생명력, 생명의 호흡"이라는 사실을 알 수 있다.

시편 104:29,30 "주께서 그들의 호흡(루아흐 רוח)을 거두신즉 그들은 죽어 먼지로 돌아가나이다 주의 영(루아흐 רוח)을 보내어 그들을 창조하사 지면을 새롭게 하시나이다"

여기에 똑같은 단어인 루아흐를 호흡과 영으로 다르게 번역하므로 서로 다른 것처럼 혼동과 오해를 주었는데, 사람이 죽을 때 하나님께서 생기, 호흡을 거둬 가신 것처럼, 다시 창조하실 때도 루아흐, 호흡, 생명력을 주신다는 말씀이다.

사람이 죽으면 의식을 가지고 있는 영혼이 몸에서 빠져나와 천국, 지옥 가는 것은 성경 원어에 대한 지식의 부족과 영혼에 대한 잘못된 편견에서 나온 오해이다. "루아흐"가 "성령"으로 번역된 경우를 제외하고, 죽음과 생명을 묘사하는 성경 절에 나오는 "루아흐"는 하나님께서 인간의 몸에 불어넣어 주셨던 "생기, 호흡, 생명력, 숨" 등으로 해석되어야 한다.

　사람을 구성하는 두 가지 요소는 흙과 생기라고 했다. 따라서 하나님께서 주신 이 두 가지 외에 그 어떤 것도 더하거나 빼서는 안 된다. 가감하면 이상한 교리가 나오고, 성경을 오해하고, 나아가서는 진리를 배척하고 대항하며, 결국 잘못된 길로 갈 수 있다.

2. 신약 성경에서의 "영"과 "호흡"

　구약뿐만 아니라 신약성경도 생기와 영에 대한 문제에 명확한 답을 준다. "영혼(spirit) 없는 몸이 죽은 것같이 행함이 없는 믿음은 죽은 것이니라"(약 2:26). 여기에 나오는 "영혼"(spirit)도 구약성경의 표현처럼 호흡, 생기를 말하는 것일까 아니면, 어떤 형태를 지니고 있는 귀신 같은 혼을 말하는 것일까? 당연히 구약성경과 동일한 호흡 또는 생명력을 뜻한다.

신약성경은 헬라어로 기록되었다. 구약성경에서 "호흡, 생기"를 뜻하는 히브리어 "루아흐"(רוח)가, 신약성경에서는 헬라어 "프뉴마"(πνεῦμα)로 385회 사용되었는데, 신약 성경에서 "프뉴마"는 번역하는 사람의 사상과 주관에 따라서 "영, 마음, 심령, 정신, 바람, 성령, 악령, 영혼" 등으로 번역되어 있어서 읽는 사람들에게 큰 혼란을 주고 있는데, 그 몇 가지 실례를 살펴보도록 하자.

마태복음 27:50 "예수께서 크게 소리 지르시고 영혼(프뉴마 πνεῦμα)이 떠나시다"

이 말씀은 예수님의 생명력이 다시 하나님께로 돌아갔다는 사실, 즉 그분의 죽음을 뜻하는 말씀임에도 불구하고, "프뉴마"가 "영혼"으로 잘못 번역되었기 때문에 마치 예수님이 죽는 순간에 그분의 영혼이 몸을 떠났던 것으로 오해하기 쉽다.

사도행전 7:59 "스데반이 부르짖어 가로되 주 예수여 내 영혼(프뉴마 πνεῦμα)을 받으시옵소서"

여기서도 생명이 끊어질 때 호흡이 다시 하나님께로 돌아간다는 표현이 마치 영혼이 스데반의 몸에서 빠져나가 하늘로 올라간 것처럼 잘못 번역되어 있다.

이렇듯 구약의 "루아흐"나 신약의 "프뉴마"가 비록 "신, 영, 영혼" 등으로 번역되었을지라도, 히브리어나 헬라어의 원어적 의미로 볼 때, 성령을 가리키는 경우를 제외하고 인간과 연관되어 사용되는 모든 경우에 있어서, 단 한 번도 불멸하거나 연기처럼 몸을 빠져나가는 어떤 존재를 의미하지 않는다는 사실이다.

성경의 원어와 태초에 하나님께서 인간을 어떻게 창조하셨는가를 올바로 살펴본 사람이라면, 누구나 죽음에 관한 신비를 알 수 있으며, 죽는 순간에 사람의 영이 소리 없이 빠져나가 허공을 떠돌아다니게 된다는 미신에 빠질 수 없다. 일반적으로 "숨을 거뒀다."라는 표현을 쓰는데, 이것은 참으로 성경적인 표현이다. 숨이 즉 생기가 하나님께로 돌아간 것이다.

04

창조 공식에 대한 오해

1. 인간의 몸 안에 있는 것은 무엇인가?

하나님께서는 흙으로 사람의 몸을 빚으셨는데 아직은 죽은 몸이라고 할 수 있다. 왜냐하면 그 몸에는 아직 생명력이 없기 때문이다. 심장은 있지만 뛰지 않으며, 피는 있으나 흐르지 않고, 두뇌는 있으나 생각하지 않는 죽은 몸이다.

그런데 그때 하나님께서 중요한 한 가지를 추가하셨다.

"생기를 그 코에 불어넣으시니 사람이 생령이 된지라"(창 2:7). 하나님께서는 몸 안에 어떤 형체를 가진 영혼을 집어넣지 않으셨다. 무엇을 넣으셨는가? 생기, 호흡, 숨, 생명력을 불어넣으셨다. 몸과 호흡이 합해짐으로써 사람은 살아있는 영혼(생령)이 된 것이다.

그러므로 인간을 만드신 하나님의 창조 공식은, 흙(육체) + 영혼 = 사람이 아니라, 흙(육체) + 생기(호흡, 생명력) = 영혼(사람, 생령)인 것이다.

하지만 안타깝게도 오늘날 대부분의 현대인은 하나님께서는 사람을 창조하시기 위해서 몸 안에 연기 같은 영혼을 집어넣으셨다는 미신적인 견해를 받아들이고 있다. 성경을 제외한 이 세상의 모든 종교는 인간의 몸 안에 "영혼"이 들어있다고 믿는데, 그러한 미신적 가르침이 교회에도 깊이 들어왔다는 것은 매우 슬픈 일이다.

2. 예증으로 알아보는 하나님의 창조 공식

하나님께서 인간을 어떠한 공식으로 창조하셨는지 살펴봤는데, 쉽게 예를 들어보자.

사람의 몸을 전구라고 가정하고, 그 속에 흐르는 전류는 하나님께서 몸속에 불어넣으신 생기로 생각하면, 전구에서 비쳐 나오는 빛은 몸과 호흡이 합쳐졌을 때 사람이 된 영혼으로 볼 수 있다.

즉 전구(몸) + 전류(생기, 호흡) = 빛(영혼, 사람)인 것이다. 그런데 누군가가 스위치를 내려서 빛이 꺼졌다고 하자. 스위치를 내리는 순간에 빛은 어디로 갔는가? 갑자기 빛이 없어져 버린 것이다.

육체(전구)는 땅으로 돌아가고, 생기(전류)는 그것을 주신 하나님께로 돌아감으로써, 영혼(빛)은 더 이상 존재하지 않게 되는 것이다. 하나님께서 사람을 흙으로 만드실 때, 아담은 흙덩어리인 육체에 불과하였다. 하나님께서 아담의 몸에 생명력을 첨가하시기 전에는 아무런 개성이나 감정도 없었다. 그런데 몸에 하나님이 생기를 주시자, 즉시로 사람은 "살아 있는 영혼(생령)"이 되었다.

3. 죽으면 무엇이 빠져나가는가?

육체와 생기 둘을 연합시켰을 때, 인간은 영혼이라고 불리는 상태로 존재하게 된 것이다. 그래서 솔로몬은 말하기를, 죽을 때에 영(숨, 호흡, 루아흐)은 하나님께로 되돌아가고, 몸은 흙으로 돌아간다고 했던 것이다. 성경의 어떤 곳에서도 영혼이 몸 없이 떠돌아다닌다거나, 몸 없이 계속 존재한다는 기록을 찾아볼 수 없다. 몸과 생기의 결합관계가 분리될 때, 영혼(사람)은 존재할 수 없다. 다시 말해서, 영혼(인간)은 하나님이 주신 생기, 호흡 없이는 단 한 순간도 존재할 수 없는 것이다.

이제 죽음의 본질에 대하여 성경의 명확한 이해를 갖게 되었다. 죽는다는 것은, 호흡(생기)이 인간의 몸에서 제거되어 하나님께로 돌아가는 것을 의미하며, 생기가 없는 영혼 즉 인간은 흙이 되는 것이다. 그렇다면 묻는다. 죽으면 무엇이 하나님께 돌아가는가? 그분이 주신 생기 즉 생명력인가? 아니면 유체이탈한 영혼인가?

인간의 죽음은 잠과 같고, 그 후의 상태는 모든 의식과 감각과 활동이 중단된 상태라고 하는 성경의 가르침이 이토록 분명하고 확실한데도 기독교에 영혼불멸설이 매우 광범위하고 뿌리 깊게 자리를 잡게 된 까닭은 무엇일까? 그 첫 번째 이유는 매우 초기부터 교회에 들어온 헬라 철학 때문이다. 헬라 철학에 의하면, 육체는 악한 것이고 영혼은 선한 것이며, 육체를 괴롭게 함으로써 영혼을 더욱 선하고 순결하게 한다고 믿는다. 영과 육을 나누는 "이원론"(二元論, dualism)은 중간사(中間史) 시대와 신약 시대의 지배적인 문명이던 헬레니즘의 영향으로 기독교에도 유입되었다. 그리하여 이 철학은 세월이 흐르면서 특별한 저항 없이 마치 성경의 가르침인 양 받아들여지게 되었다.

두 번째 이유는 이원론을 지지하는 듯한 소수의 성경 구절들에 대한 오해 때문이다. 성경의 모든 말씀은 성경 전체의 사상과 가르침에 조화되게 해석해야 하는 것이 성경해석의 기본원칙이다.

4. 깨어 경계하라

영혼불멸 사상은 단순히 그것을 믿느냐 안 믿느냐의 문제를 넘어 사탄이 사람을 자기의 소유물로 끌어들이는 갈고리의 역할을 하고 있다. 사탄은 사람과 다른 차원의 존재이기 때문에, 인간을 속이는 변장과 술수와 기적을 얼마든지 만들어 낼 수 있다는 점을 잊어서는 안 된다. "[14] 이것은 이상한 일이 아니니라 사탄도 자기를 광명의 천사로 가장하나니 [15] 그러므로 사탄의 일꾼들도 자기를 의의 일꾼으로 가장하는 것이 또한 대단한 일이 아니니라 그들의 마지막은 그 행위대로 되리라"(고후 11:14,15).

그래서 초인간적인 현상에는 대부분 사탄의 간계가 숨어있음을 알아야 한다. 심지어 그리스도의 이름으로 일으키는 이적과 기사도 대체로 사탄의 속임수이다. 죽음 이후의 세계에 대하여 죽은 자의 혼이 살아 있고 활동할 수 있다고 믿고 있으면, 사탄은 죽은 자의 혼이 나타난 것처럼 등장하여 얼마든지 사람들에게 공포감도 주고 속일 수 있게 된다. 오늘날 많은 사람이 심령 과학이나 강신술에 빠져 있는 것은, 죽은 자의 상태와 초자연적인 현상에 대하여 그 실체를 모르고 영혼불멸설을 믿기 때문이다.

사람들이 죽은 자가 실제로 나타난다고 믿으면, 사탄은 그들을 속일 수 있는 발판을 마련한 것이다. 죽은 자가 나타나서 하늘에서 행복하게 지내며 의로운 자와 악한 자 사이에 아무런 구별이 없다는 잘못된 논리를 가르친다. 그리고 은근히 성경을 믿는 신앙을 파괴하는 교리들을 제시한다. 그들은 때때로 참된 것을 말하고 장래에 일어날 일까지 예고할 수 있으며 그들의 말이 믿을 만한 것처럼 보인다.

세계적으로 곳곳에 강신술이 편만해 있다. 마지막 때가 가까울수록 더욱더 사탄은 여러 가지 이적들로 사람들을 미혹할 것을 이미 하나님께서는 경고하셨다. 사탄은 천국과 지옥을 갔다 온 것 같은 환상을 주기도 하고, 때로는 착한 천사의 모습으로 가장하여 많은 사람을 현혹하고 있다. 그리하여 성경 말씀을 의지하기보다 신비한 경험과 감정을 의지하게 만들어서 구원받지 못하게 만든다. 양의 탈을 쓰고 오는 사탄의 장난에 속지 말고 "가라사대" 말씀으로 꿋꿋이 서기 바란다.

제3장

죽은 자들은 어디에 있는가?

01

영혼이란 무엇인가?

　우리는 앞서 인간의 사후 상태에 대한 두 가지 견해가 있음을 살펴보았다. 사람이 죽고 나서 영혼이 빠져나와 어딘가에 살아 있다는 영혼불멸이냐, 아니면 예수 그리스도께서 재림하실 때까지 무덤 속에서 잠자는 상태로 있다가 부활의 기쁨을 맛보느냐에 대한 견해였다. 이것은 단순히 견해가 아니라 전쟁이다. 하나님과 사탄 사이의 전쟁이고, 선과 악의 전쟁이며, 진리와 비진리의 전쟁, 참과 거짓의 전쟁이다.

　에덴동산에서 시작한 사탄의 거짓말이 헬레니즘을 통해 교회 안에 들어오기 시작하여 중세교회를 타락시킨 근본적 원인이 되었으며, 종교개혁자들은 그러한 거짓 교리, 이교의 가르침에 대항하여 성서적 진리를 회복시켰지만, 칼빈의 혼수론으로 말미암아 종교개혁은 후퇴하게 되었고, 오늘날까지 잘못된 가르침이 교회를 휩쓸고 있음을 성서적, 역사적으로 살펴보았다.

또한 하나님께서 인간을 어떻게 창조하셨는지 또 죽음은 어떤 과정을 통해 이루어지는지에 대한 창조와 죽음의 공식을 이해하는 시간을 가졌다. 특별히 성경의 문맥과 원어 상의 의미를 통해 하나님께서 인류에게 말씀하시고자 하는 성경의 진리를 분명하고도 명확하게 깨닫게 되었다.

1. 편견과 고정관념

하지만 한번 새겨진 편견과 고정관념은 좀처럼 깨어지지 않는다. 사람의 생각과 판단은 자기 경험과 지식, 상식과 고정관념 등 다양한 요소에 의해서 결정되는 것이기 때문에, 같은 사물에 대해서도 그 느낌은 천차만별이다. 동그라미를 보았을 때, 시인은 달을 생각할 것이며 운동선수는 공을 연상할 것이고, 연인들은 사랑하는 사람의 얼굴을 떠올릴 것이다. 마찬가지 원리로, 기독교인들은 이미 오랜 세월을 통하여 굳어진, 영혼은 불멸이라는 고정관념을 가지고 있기 때문에, 성경을 볼 때 모든 개념을 영혼불멸이라는 틀에 맞추어 놓고 생각하려는 경향을 보인다.

영혼불멸 사상은 분명히 성경적이지 않다. 그것은 헬라의 철학 사상이었으며, 종교 암흑시대 동안에 교리화된 비성서적 관념이다. 그뿐만 아니라 기독교 신앙의 본질이라고 할 만큼 중요한 부활의 신앙과는 정면 배치되는 가르침인데도 불구하고 영혼불멸 사상이 교회에서 편만하게 가르쳐지고 있는 것은 참으로 이상한 일이다. 인간의 고정 관념이란 이렇게도 무서운 것이다.

성경의 내용 중에 마치 영혼이 별개로 존재하는 것처럼 보이는 구절들이 더러 있다. 그러나 그것은 번역상의 문제, 혹은 고정관념이나 편견의 문제이지, 성경 전체는 언제나 동일하게 분명한 답변을 갖는다.

도대체 영혼이란 무엇일까? 많은 사람이 생각하는 것처럼, 영혼은 보이지 않는 연기 같은 존재일까? 성경이 말하는 "영혼"이라는 존재와 그 의미에 대해서, 그리고 죽은 영혼들은 어디에 있는가에 대해 가장 명쾌하고 확실한 대답을 찾아보자.

2. 성경의 원문이 말하는 영혼의 의미

"여호와 하나님이 땅의 흙으로 사람을 지으시고 생기(호흡, 숨, 생명력)를 그 코에 불어넣으시니 사람이 생령(生靈, 살아있는 영/혼, living soul)이 된지라"(창 2:7).

생기는 히브리어로 루아흐(רוּחַ)였고, 헬라어로는 프뉴마(πνεῦμα)라고 했다. 그리고 흙과 생기가 합쳐진 완성체는 생령

또는 영혼인데, 영혼은 구약성경의 원어인 히브리어로는 "네페쉬"(ניפש)이고, 신약성경의 원어인 헬라어로는 "프쉬케"(ψ-υχη)이다. 이 두 개의 원어는 모두 "숨 쉬며 살아 있는 존재" 즉 "영혼"이라는 뜻을 가지고 있다. 영혼은 어떤 연기 같은 존재가 아니라 살아있는 존재, 즉 인간, 사람을 영혼이라고 부르는 것이다. 그런데 "호흡, 생기"를 잘못 번역해서 생긴 오해들처럼, "생명을 가진 존재"를 뜻하는 "영혼"을 잘못 번역함으로써 똑같은 오해가 반복되고 있다.

3. 영혼이라는 단어에 대한 오해

어떻게 오해되었는가? 많은 사람은 "생명"을 의미하는 히브리어나 헬라어가 한글 성경에 종종 "영혼"으로 번역되었기 때문에, 그 원어의 의미를 완전히 곡해하게 되었다. 대다수 사람은 영혼은 죽지 않는 불멸의 성질을 가지고 있다고 가르침 받아왔기 때문에 "영혼"이라는 말을 읽거나 들을 때마다 성경이 말하는 바와는 전혀 다른 상태를 추측하게 된다. 그러나 성경은 단 한 번도 영혼을 불멸이나 죽지 않는 연기 같은 존재로서 언급한 적이 없다.

"생명"이라는 뜻을 가지고 있는 구약 성경의 원어인 히브리어

"네페쉬"(נֶפֶשׁ)는 구약에 기록된 총 754회 중에서 22번은 "새, 물고기, 짐승" 등을 가리켰으며, 7번은 사람과 짐승을 동시에 가리켰고, 절반 이상은 "영혼"(soul)으로 번역하였으며, "네페쉬"의 참뜻인 "생명"(life)으로는 119번 번역되었다. 또한 "네페쉬"와 동의어로 사용된 신약 성경의 "프쉬케"(ψ-υχη)는 총 105번 사용되었는데, 번역하는 사람의 판단에 따라서 "생명"으로 40번, "마음"으로 3번 그리고 "영혼"으로는 58번이나 오역되었다. 이러한 번역상의 문제 때문에 사람이 죽는 순간에 영혼이 몸에서 빠져나가 불멸한다는 선입관을 가지고 있는 사람들은 다음과 같은 성경 절들을 가리키면서 영혼불멸설을 주장하게 되는 것이다.

"몸은 죽여도 영혼(프쉬케, ψυχη)은 능히 죽이지 못하는 자들을 두려워하지 말고 오직 몸과 영혼(프쉬케, ψυχη)을 능히 지옥에 멸하시는 자를 두려워하라"(마 10:28).

영혼에 대한 잘못된 견해를 가지고 있는 사람들은 이 성경 절을 지적하면서, "자 보라, 몸은 죽어도 영혼은 몸으로부터 빠져나가기 때문에 결코 죽을 수 없다"고 주장한다. 그런데 이런 오해는 다음에 이어지는 39절의 말씀을 읽을 때 쉽게 풀린다. "자기 목숨(프쉬케, ψυχη)을 얻는 자는 잃을 것이요, 나를 위하여 자기 목숨(프쉬케, ψυχη)을 잃는 자는 얻으리라"

28절에서는 "영혼"으로 번역되었던 "프쉬케"가 39절에서는 "목숨, 생명"(life)으로 바르게 번역됨으로써 28절의 의미를 올바로 파악할 수 있다. 같은 단어를 이렇게 다르게 번역함으로 많은 오해를 가져오게 된 것이다. 그렇다면 28절의 참뜻이 무엇인가? 유대 지도자들과 로마의 핍박 아래서 예수님께서는 생명에 대한 위협으로 인하여 위축되어 있던 사람들에게 용기를 잃지 말라는 격려의 말씀을 하셨던 것이다. 즉 그리스도를 위하여 육신의 생명을 빼앗길지라도, 영원한 생명은 핍박자들이 결코 빼앗지 못할 것이므로, 잠시뿐인 육신의 생명을 버리는 순교의 길을 두려워하지 말라는 의미이다. 이 얼마나 자연스럽고 합당한 내용인가? 그런데 영혼이라고 번역함으로 마치 육체는 죽지만 혼은 살아있는 것 같은 오해를 갖게 된 것이다.

"다섯째 인을 떼실 때에 내가 보니 하나님의 말씀과 저희의 가진 증거를 인하여 죽임을 당한 영혼(프쉬케, ψυχη)들이 제단 아래 있어 큰 소리로 가로되, 거룩하고 참되신 대주재여 땅에 거하는 자들을 심판하여 우리 피를 신원하여 주지 아니하시기를 어느 때까지 하시려나이까 하니"(계 6:9,10).

죽는 순간에 영혼이 몸을 빠져나가 불멸한다고 주장하는 사람들이 자신의 주장을 입증하기 위해서 많이 사용하는 성경 절 중의 하나가 바로 이것이다. 그들은 여기에 나온 영혼들이 순교

당하여 죽은 사람들의 영혼이며, 죽은 후에도 의식을 가진 채 자신들의 원통함을 부르짖고 있다고 말한다.

요한계시록 6장에 나오는 이 말씀이 정말 그리스도를 위하여 목숨을 잃은 각 시대 순교자들의 영혼이 성전 제단 아래 밀집해 모여서, 그들의 원통함을 참지 못하여 소리 지르고 있다는 뜻인가? 그러한 일이 하늘에서 이루어지고 있다는 사실을 믿을 수 있는가? 하늘 제단 아래 영혼들이 바글바글 모여 있는 모습을 상상해 보면 무슨 좀비 영화의 한 장면 같지 않은가? 그리고 하늘에 가서 고작 하는 일이 자기를 죽인 원수들을 복수해 달라고 울부짖는 일이란 말인가? 이것이 진정 하늘의 모습일까?

요한계시록은 상징의 책이다. 다섯째 인이 말씀하고 있는 바는 외관상으로 원수가 승리한 것처럼 보일지라도 최종적으로 믿는 자들이 승리할 것이라는 보증과 함께 순교와 죽음을 직면한 성도들에게 용기를 주기 위해 제시된 말씀이다. 이런 격려는 당시 무서운 박해 시대에 살고 있던 신자들을 굳건하게 해 주었다. 비록 박해가 끝이 나지 않을 것처럼 보이고 그리스도인으로 산다는 것이 몹시 어려움에도 불구하고 궁극적 승리를 약속하는 말씀이며, 순교자들은 성전의 제단에서 하나님께 바쳐진 어린양처럼 희생제물로서 제단에 피를 흘린 모습으로 표현된 것이다.

상징이라는 증거가 계속해서 이어지는 11절에서 증명된다. "각각 저희에게 흰 두루마기를 주시며" 이것은 예수님께서 그들의 호소에 대한 응답으로 흰 두루마기를 순교자들에게 주시는 모습인데, 어떻게 연기처럼 존재하는 영혼들이 흰 두루마기를 입을 수 있겠는가? 상징과 실체를 구별하지 못하였기 때문에, 이처럼 커다란 혼란을 겪게 된 것이다.

4. 동물들도 "프쉬케"라고 불린다

우리가 가족처럼 여기는 고양이, 강아지 같은 반려동물들도 부활해서 하늘에 갈까? 안타깝지만 성경에 의하면 동물은 부활하지 않는다. 사람 물어 죽인 개라고 지옥 가지도 않는다. 동물이 죽으면 영혼이 몸에서 빠져나와 어디론가 갈까? 당연히 아니다.

그런데 사람이 죽으면 영혼이 빠져나와 어디론가 간다고 믿는다면, 동물에게도 그런 영혼이 있다고 해야 한다. 왜 그런가? 신약성경에 프쉬케는 "영혼"인데, 그것을 성경적 의미인 "살아있는 존재"로 정의하지 않고, 유체이탈하는 어떤 영혼으로 생각하면, 동물들도 유체이탈하는 영혼이 있다고 해야 한다. 프쉬케가 동물들에게도 사용됐기 때문이다.

영어 성경에는 동물들이 "영혼"(soul) 이라고 돼 있고, 한국어 성경에는 "생물들"이라고 번역되어 있다. "둘째 천사가 그 대접을 바다에 쏟으매 바다가 곧 죽은 자의 피같이 되니 바다 가운데 모든 생물(soul, 영혼, 프쉬케, ψυχη)이 죽더라"(계 16:3).

킹제임스 성경은 이렇게 번역했다. "둘째 천사가 자기 호리병을 바다에 쏟으니 바다가 죽은 자의 피같이 되어 모든 살아있는 혼(프쉬케, ψυχη)들이 바다에서 죽더라"(계 16:3).

이런 번역을 보면 마치 동물들이 무슨 혼이 있는 것처럼 오해하기 쉽다. 물고기의 혼, 즉 상어귀신, 고래귀신이 있어야 한다. 왜 이런 일이 발생했는가? 프쉬케(ψυχη)를 "생명체, 살아있는 존재, 인간 또는 생물"이라는 성서적/원어적 의미를 오해하고, 어떤 혼이라는 잘못된 편견을 가지고 있기 때문에 이런 번역들이 나온 것이다.

성경은 동물들을 왜 "프쉬케"라고 했을까? 이유는 간단하다. 그들도 살아 움직이기 위해서는 하나님으로부터 사람이 받는 것과 동일한 생명력을 받아야 하기 때문이다. 성경은 생명을 가진 그 존재 자체를 프쉬케 즉 영혼이라고 말한다는 사실을 알아야 한다. 우리는 영혼이라는 단어를 너무 오해하고 있다.

이처럼, 성경에는 히브리어 "네페쉬"(נֶפֶשׁ), 헬라어 "프쉬케"(ψυχη)가 인간(살아있는 영혼, 생령)으로 번역되었을 뿐만 아니라 물고기, 파충류, 육축과 같은 짐승으로도 번역되었기 때문에, 만일 "네페쉬"나 "프쉬케"가 영혼불멸설을 믿는 사람들이 말하는 것처럼 죽지 않는 불멸의 영혼이라면 도살장에서 죽은 소, 구운 상태로 밥상에 오른 물고기, 기름에 튀겨진 닭들도 불멸의 영혼을 가지고 있다는 황당한 결론에 도달하게 된다. 그러므로 성경에서 영혼(soul)이라는 말로 번역된 "네페쉬"나 "프쉬케"는 사람이나 동물 등 살아있는 생명체를 가리키는 것이지, 인간이나 어떤 생물 속에 존재하는 귀신이나 영혼이 아니라는 분명한 결론을 내릴 수 있다.

"성경에 나오는 '영혼'은 보이지 않는 연기 같은 존재입니까?"라는 질문의 답은 간단하다. 영혼은 인간의 존재 그 자체를 말하는 것이지, 떠돌아다니는 어떤 영혼이 아니다.

02

죽은 자들은 어디에 있는가?

이쯤 되면 한가지 질문이 생기게 된다. 그렇다면 죽은 의인들과 악인은 어디에 있는 것인가? 만일 사람이 죽는 순간에 영혼이 육체를 빠져나와서 의인들은 하늘에 가고, 악인들은 지옥에 간다면, 성경에 나오는 선지자나 의인들의 영혼은 지금 하늘에 있어야 하며, 악인들의 영혼은 지옥에 있어야 한다. 그런데 그것은 성경의 진리가 아님을 확인했다. 그렇다면 과연 그들은 어디에 있을까?

1. 죽은 의인들의 현주소

사도행전 2장에서 베드로는 그 당시 이미 죽은 지 700년 이상이나 되는 다윗에 대해서 이렇게 말했다. "[29] 형제들아 내가 조상 다윗에 대하여 담대히 말할 수 있노니 다윗이 죽어 장사되어 그 묘가 오늘까지 우리 중에 있도다 [34] 다윗은 하늘에 올라가지 못하였으나 친히 말하여 이르되 주께서 내 주에게 말씀하시기를"(행 2:29,34).

다윗이 "하늘에 올라가지 못하였으나" 이 말은 살인과 간음죄 때문에 용서받지 못했다는 것을 의미하는가? 어린 학생들에게 다윗은 구원받지 못했다고 가르쳐야 할까? 아니다. 비록 다윗이 죄를 범하였을지라도, 그는 용서와 구원의 확신을 가진 채 죽었다. 기독교인 중에 다윗이 구원받지 못하였다고 생각하는 사람은 없을 것이다.

그런데 일반적으로 알고 있듯이 죽는 순간에 의인의 영혼은 즉시로 몸에서 빠져나와서 천국에 올라간다면, 어째서 베드로는 "다윗은 하늘에 올라가지 못하였으나"라고 말하였을까? 왜 다윗은 천국에 올라가 사는 축복을 누리지 못하였을까? 하나님께서 그토록 사랑하시던 다윗이 죽은 지 700년이 지났어도 천국에 들어가지 못했다면, 선한 생애를 살다가 죽은 다른 의인들은 어떠하겠는가? 그들 역시 무덤에 쉬면서, 예수님께서 재림하시는 부활의 날에 하나님의 부르심을 받아 일어날 것을 기다리고 있다.

히브리서 11장에도 죽은 의인들이 어디에 있는지 밝혀주고 있다. "이 사람들은 다 믿음을 따라 죽었으며 약속을 받지 못하였으되 그것들을 멀리서 보고 환영하며 또 땅에서는 외국인과 나그네임을 증언하였으니"(히 11:13).

히브리서 11장에는 우리가 잘 아는 믿음의 조상들이 어떠한 믿음을 가지고 살았고, 지금 어떻게 되었는지에 대한 설명이 나온다. 믿음의 조상들인 아브라함, 이삭, 야곱 등을 열거하면서 그러한 위대한 믿음의 조상들이 죽었는데, 아직 약속을 받지 못했다고 했다. 약속을 받지 못했다는 뜻은, 다윗처럼 아직 하늘에 가지 못했다는 말이다.

이 문제에 대해서 예수님께서 확실한 답변을 주신다. "의인들의 부활 시에 네가 갚음을 받겠음이라"(눅 14:14). 약속은 지금 죽자마자 영혼이 빠져나가서 받는 것이 아니라 예수님의 재림의 날, 부활의 날에 받는다.

마태복음에서 더 구체적으로 말씀해 주신다. "인자가 아버지의 영광으로 천사들과 함께 오리니 그때에 각 사람의 행한 대로 갚으리라"(마 16:27). 행한 대로 갚으시는 약속은 예수님이 다시 오실 때 받는다고 명확하게 말씀해 주셨다. 예수님의 말씀은 재림 시에 있을 부활 때까지는 아무도 보상을 받지 못할 것이라는 사실을 매우 단순하고도 분명하게 제시하고 있다. 다시 말해서, 예수님께서 재림하실 때까지는 하늘이나 지옥에 먼저 갈 수 없다는 뜻이다. 예수님께서 말씀하신 대로 지금 의인이든 악인이든 모든 사람은 무덤 속에서 최후의 심판을 기다리고 있는데,

요한계시록에서 다시 한번 이 진리를 확인할 수 있다. "보라 내가 속히 오리니 내가 줄 상이 내게 있어 각 사람에게 그의 일한 대로 갚아 주리라"(계 22:12).

사도 바울은 의인들이 예수 재림의 날에 받게 될 약속, 보상에 대해서 좀 더 자세히 설명하고 있다. "[51] 보라 내가 너희에게 비밀을 말하노니 우리가 다 잠잘 것이 아니요 마지막 나팔에 순식간에 홀연히 다 변화되리니 [52] 나팔 소리가 나매 죽은 자들이 썩지 아니할 것으로 다시 살아나고 우리도 변화되리라 [53] 이 썩을 것이 반드시 썩지 아니할 것을 입겠고 이 죽을 것이 죽지 아니함을 입으리로다"(고전 15:51~53).

얼마나 분명하고 명쾌한 말씀인가! 죽은 의인들은 지금 천국에 있는 것이 아니라 예수 재림 때까지 무덤 속에서 "생명의 부활"을 기다리고 있다는 것이 성경의 확실한 말씀이다.

2. 죽은 악인들의 현주소

그렇다면 악인들은 어디에 있을까? 의인들은 아직 천국에 가지 못했을지라도 악인들은 죽었을 경우, 그 영혼이 즉시로 몸에서 빠져나와 지옥의 유황불에 들어가서 형벌을 받고 있을까?

의인의 부활처럼 악인들에게도 부활이 있는가? 그렇다. 악인도 부활한다는 사실을 한 번도 생각해 보지 않은 사람들이 있는데, 사도행전에는 악인의 부활에 대해서 언급하고 있다. "저희의 기다리는바 하나님께 향한 소망을 나도 가졌으니 곧 의인과 악인의 부활이 있으리라 함이라"(행 24:15). 의인들에게 부활이 있는 것처럼 악인에게도 부활이 있는데, 예수님께서는 악인들의 부활을 "심판의 부활"이라고 부르셨다. "[28] 이를 기이히 여기지 말라 무덤 속에 있는 자가 다 그의 음성을 들을 때가 오나니 [29] 선한 일을 행한 자는 생명의 부활로, 악한 일을 행한 자는 심판의 부활로 나오리라"(요 5:28,29).

의인이든 악인이든 주님의 음성을 무덤 속에서 듣게 될 것이다. 천국에서 듣는 것이 아니다. 죽은 즉시 천국에 갔다가 다시 무덤 속으로 들어가서 나오는 것도 아니고, 영혼은 천국에 있고, 몸은 무덤 속에 있다가 예수님의 재림 때 결합하는 것도 아니다. 악인들도 마찬가지로 지옥에 있다가 부활하는 것이 아니다. 지옥에 있는데 왜 부활하겠는가? 성경은 하나님 말씀 외에 가감하지 말라고 했다. 이교의 철학과 미신이 얼마나 깊이 교회 안에 뿌리내리고 있는지 모른다.

의인들은 예수님의 재림 때까지 무덤 속에서 "생명의 부활"을 기다리며, 악인들 역시 무덤 속에서 "심판의 부활"을 기다리고 있다는 것이 성경이 말하는 죽은 자들의 현주소이다. 사람이 죽는 순간에, 영혼이 몸을 빠져나와 천국이나 지옥에 간다면 부활이 무슨 의미가 있겠는가? 이미 하늘이나 지옥에 있는 사람들을 다시 무덤으로부터 부활시킨다는 것은 우스운 이야기이다. 죽는 순간에 영혼이 몸을 빠져나간다는 사상은 부활 신앙을 부정할 뿐만 아니라, 영혼들이 여기저기 떠돌고 있다는 귀신의 속임수에 넘어가게 되는 매우 위험한 신조이다.

다시 한번 이 글을 읽는 독자들에게 묻는다. "죽은 의인들과 악인들은 지금 어디에 있을까?" 답은 간단하다. 그들은 지금 무덤에서 쉬고 있다. 그것이 성경의 진리이다.

03

성경의 진리, 부활

집단적 무지

그런데 왜 이 간단한 진리를 받아들이지 못할까? 구약에 예고되고 약속된 메시아가 이스라엘 땅에 왔을 때, 이스라엘의 지도자들을 비롯한 그 백성들은 메시아에 대한 무지로 인하여 대부분 사람이 예수님을 구주로 영접하지 않고, 결국 십자가에 못 박았다. 그 당시 왜곡된 사회적 환경이 메시아를 알아볼 수 없도록 만든 것이다. 카톨릭이 세계를 지배하던 종교 암흑시대 당시, 교회는 천동설(天動說)을 가르쳤으나, 갈릴레오가 지동설(地動說)을 주장하다가 종교 재판을 받게 되었다. 그는 강압과 고문에 못 이겨 지동설을 취소했으나, 여전히 지구는 돌고 있었다. 집단이 무지에 빠져 있으면 진실과 진리를 주장하는 소수가 웃음거리와 비방거리가 되는 역사적 사례는 얼마든지 있다.

이집트의 영혼불멸 사상

이와 같은 사탄의 거대한 속임수로 인해 영혼불멸 사상은 인간 사회와 인류 역사에 매우 깊이 자리를 잡게 되었으며, 특별히 이집트 사람들은 영혼불멸 사상을 대단히 철저하게 신봉하는 사람들이었다. 그래서 영혼이 다시 돌아올 때를 기다리며 미라를 만들어 놓았다. 그러나 지금까지 단 하나의 미라도 다시 살아난 일이 없다.

헬라의 철학 사상

영혼불멸에 기초하여 윤회 사상을 철학적으로 체계화한 사람은 기원전 6세기의 철학자 피타고라스였다. 그 후 기원전 5세기 헬라의 철학자 소크라테스는 이집트를 방문하여 영혼불멸 사상을 더욱 깊이 신봉하게 되었다. 소크라테스가 독배를 태연하게 마시는 모습은 영혼불멸 신앙과 관련이 있다. 이에 깊은 영향을 받은 그의 수제자 플라톤은 마침내 영혼불멸 사상을 이론으로 정리했고, 그의 논문인 "파에돈"은 영혼불멸 사상의 교과서가 되었다.

영혼불멸 사상은 선악과를 먹으면 "정녕 죽으리라"고 하신 하나님의 말씀에 도전하여 "결코 죽지 아니하리라"는 사탄의 거짓말로 시작된 것이다. 그런데 사람이 죽자, 사탄은 자기가 거짓말한 것이 아니라는 것을 설득하기 위해 몸은 죽어도 영혼은 죽지 않는다는 가르침으로 다시 사람들을 속인 것이다. 그것이 영혼불멸 사상이다.

그런데 사람들이 이러한 술책과 속임수를 어떻게 그리 쉽게 수용하게 되었을까? 아마도 사람에게 부여된, 죽고 싶지 않은 본능 때문이었을 것이다. 처음에 인간은 영원히 살 수 있도록 창조되었지만, 범죄하므로 죽게 되었을 때 하나님께서 그 죄 문제를 해결해 주시고 다시 영생할 수 있는 길을 준비하셨다. 사람이 영생할 수 있는 길은 이것뿐이다. 그러나 하나님을 믿지 않는 사람들도 영원히 살고 싶은 본능과 욕망 때문에 사탄의 이러한 속임수에 쉽게 빠지게 되었다. 하나님을 믿으면 부활을 통해서 얼마든지 영원히 살 길이 있는데, 하나님을 믿지 않고도 영원히 살고 싶은 인간의 욕구 때문에 '미라'를 만들고 '영혼불멸'이라는 이론을 만들어 그것을 신봉하게 되었을 것이다.

하나님께서는 부활을 통하여 우리에게 영생을 주시겠다고 약속하셨다. 너무 성급하게 죽자마자 영생하려고 할 필요가 없다. 어차피 죽어 있는 시간, 잠자는 시간은 지루하게 기다리는 시간이 아니다. 전신마취를 하고 수술을 끝낸 환자가 마취에서 깨어났을 때는 마취당하기 직전의 기억에서 다시 시간이 시작되는 것처럼 말이다.

그러므로 죽은 자의 입장에서 보면, 무의식의 죽음에서 깨어나는 순간 부활과 함께 영생이 이어지는 것이므로 죽음과 함께 영생이 시작된다고 해도 크게 빗나간 말은 아니다. 너무 조급하게 생각해서 사탄이 고안한 궤변을 받아들이지 말고 예수님의 재림과 부활의 날을 기다리면서 성도의 생활을 신실하게 해 나가는 것이 신앙인의 도리 아니겠는가?

이미 설명한 대로 영혼불멸 사상은 분명히 성경에서 나온 것이 아니다. 그런데도 오늘날 대부분의 기독교인이 이것을 철저하게 신봉하고 있는 것은 참으로 신비하고 두려운 현상이다. 진실한 마음으로 모든 신앙의 기초를 성경에서 찾으려고 하는 그리스도인들은 지체하지 말고 이 영혼불멸 사상을 머리에서 지워버려야 한다. 이것을 지워버리지 않으면, 조만간 틀림없이 사탄의 올무에 걸려 넘어갈 것이다. 올바르고 건전한 신앙은 영혼불멸의 신앙 대신에 부활의 신앙을 확고하게 가질 때에 시작되는 것이다.

제4장

죽은 자는 말이 없다

일반적으로 사람이 죽은 이후에, 천국이나 지옥에 간다고 믿고 있는데, 성경으로는 전혀 뒷받침되지 않는 이론이다. 성경은 죽음 이후의 상태를 구체적으로 어떻게 표현하고 있을까? 죽은 사람들은 무덤 속에서 무엇을 하고 있으며, 부활의 순간까지 무덤 속에서 어떤 상태로 있을까? 성경은 죽음 후의 상태에 대해서 다음과 같이 묘사하고 있다.

01

죽음 이후의 상태

1. 현실과 완전히 단절된 상태

"그 아들이 존귀하나 그가 알지 못하며 비천하나 그가 깨닫지 못하나이다"(욥 14:21).

자식이 잘되는지 못 되는지 전혀 알 수 없는 상태다.

2. 일체의 감정과 의식이 없는 상태

"죽은 자는 아무것도 모르며"(전 9:5,6).

"그의 호흡이 끊어지면 흙으로 돌아가서 그날에 그의 생각이 (계획) 소멸하리로다"(시 146:4).

3. 무활동의 상태

"네가 어떤 일을 하든지, 네 힘을 다해서 하여라 네가 들어갈 무덤 속에는 일도, 계획도, 지식도, 지혜도 없다"(표준, 전 9:10).

아무 일도 없고 계획도 없고 지식도 없고 지혜도 없는 상태이다.

4. 무감각의 상태

"사망 중에서 주를 기억함이 없사오니 무덤(grave, 음부)에서 주께 감사할 자가 누구리이까"(시 6:5). "내가 무덤에 내려갈 때에 나의 피가 무슨 유익이 있으리요 어찌 진토가 주를 찬송하며 주의 진리를 선포하리이까"(시 30:9). "죽은 자가 여호와를 찬양하지 못하나니 적막한데 내려가는 아무도 못 하리로다"(시 115:17). "죽은 사람이 주를 찬양할 수 없고 무덤에 들어간 자가 주의 신실하심을 바랄 수 없나이다"(사 38:18).

고통을 느끼지 못하며, 하나님도 찬양할 수 없는 무감각의 상태다.

02

성경 기자들의 증언

성경은 죽음 이후의 상태를 "잠"(sleep)이라고 표현하고 있는데, 이러한 성경의 단순한 표현은 죽음에 대하여 일어날 수 있는 여러 가지 다른 이론들을 잠재우고 있다.

다니엘은 그리스도의 오심에 대하여 예언하면서, 흙으로 돌아간 죽은 자들이 잠에서 깨어날 것이라고 말했다. "그때에 네 백성 중 무릇 책에 기록된 모든 자가 구원을 얻을 것이라 땅의 티끌 가운데서 자는 자 중에 많이 깨어 영생을 얻는 자도 있겠고 수욕을 받아서 무궁히 부끄러움을 입을 자도 있을 것이며"(단 12:1,2).

지금 하늘에서 영생을 누리고 있다 하지 않고, 마지막 때 잠에서 깨어 영생을 얻는다고 말씀하고 있다. 성경의 수많은 저자들이 죽음을 잠이라고 말하는 데에는 이유가 있다. 왜냐하면 "잠"

은 죽은 자의 상태를 가장 완전하게 묘사할 수 있는 말이기 때문이다. 몹시 피곤에 지쳐서 밤에 잠자리에 누우면 눕자마자 깊이 잠들게 되는데, 이러한 경우에 다음 날 아침에 깨어날 때까지의 시간은 마치 한 순간이 지난 것처럼 느껴지게 된다. 죽음이라고 불리는 잠도 이와 마찬가지다. 성경이 죽음을 잠이라고 부르는 또 하나의 이유는, 죽음은 마치 잠과 같아서 시간과 공간과 주변 사물을 전혀 의식할 수 없으며, 아침이 되어 잠에서 깨어나는 것처럼 언젠가는 죽음이라는 잠에서 깨어나 부활할 것이기 때문이다.

성경에는 죽음을 "잠"의 동의어로 사용한 경우가 66번이나 기록되어 있는데, 몇 말씀만 확인해 보자.

여호와: "여호와께서 모세에게 이르시되 너는 네 조상들과 함께 자려니와"(신 31:16). 모세에게 죽음을 잠으로 말씀했고, 조상들이 하늘에 있다 하지 않고 그들과 함께 잘 것이라고 했다.

"여호와의 말씀이 다윗에게 말하기를 … 네 연수가 차서 네가 네 조상들과 함께 잠들 때"(삼하 7:4,5,12). 다윗에게 죽음은 잠자는 것과 같다고 동일한 말씀을 해 주셨다.

욥: "내가 그때 죽었더라면 지금쯤은 평안히 잠들어 쉬고 있을 텐데"(현대인, 욥 3:13). "이제 내가 흙 속에 잠들리니 주께서

아침에 나를 찾으실지라도 내가 있지 아니하리이다"(KJV, 욥 7:21).

다윗: "여호와 나의 하나님이시여 내가 죽음의 잠을 자지 않도록 내 눈을 밝혀 주소서"(현대인, 시 13:3). "내 주 왕께서 그의 조상들과 함께 잘 때에 나와 내 아들 솔로몬은 죄인이 되리이다"(왕상 1:21).

솔로몬: "솔로몬이 그의 조상들과 함께 자매 그의 아버지 다윗의 성읍에 장사되고"(왕상 11:43).

다니엘: "[2] 그때에는(마지막 때) 땅속에서 잠자던 자들이 깨어나 영원한 생명을 얻는 사람도 있고 영원한 수치와 멸시를 당하는 사람도 있을 것이라 [13] 그러나 너는 이제 흙으로 돌아가 편히 쉬어라 세상 끝 날에 네가 부활할 것이라 그때에는 하나님께 충성한 모든 이들이 받는 생명을 너도 나누어 받으리라"(단 12:2,13).

부활의 날이 오기 전까지는 땅속에서 잠자는 상태라고 하신 이 말씀이 얼마나 확실하고 분명한가! '죽은 다음 바로 천국 간다'고 하는 생각은 참으로 비성경적이다. 새로운 생명은 세상 끝날, 부활의 때에 받는다고 성경은 명백히 말하고 있다.

예수 그리스도: "이 말씀을 하신 후에 또 이르시되 우리 친구 나사로가 잠들었도다 그러나 내가 깨우러 가노라"(요 11:11). 만약 나사로가 하늘에 가 있었다면, 깨우러 가는 것이 아니라 하늘에서 불러오겠다고 말씀하셔야 한다.

마태: "[52] 무덤들이 열리며 자던 성도의 몸이 많이 일어나되 [53] 예수의 부활 후에 저희가 무덤에서 나와서 거룩한 성에 들어가 많은 사람에게 보이니라"(마 27:52,53). 원래 부활은 예수님 재림의 날에 있어야 한다. 그런데 예수님 당시에 몇 명인지는 알 수 없지만 예수님의 부활을 증거하기 위해서 몇 사람들이 아주 특별하게 부활했다. 그들이 누군지에 대한 암시는 성경에 없다. 중요한 것은 죽은 다음 하늘에 가 있던 성도가 부활한 것이 아니라 무덤에서 자던 성도가 부활했다는 것이다.

누가: "무릎을 꿇고 크게 불러 이르되 주여 이 죄를 그들에게 돌리지 마옵소서 이 말을 하고 자니라"(행 7:60). 스데반의 죽음을 잔다고 표현함으로 다시 한번 확인해 주고 있다.

"다윗은 당시에 하나님의 뜻을 따라 섬기다가 잠들어 그 조상들과 함께 묻혀 썩음을 당하였으되"(행 13:36). 다윗이 잠들어 썩었다고 한다. 왜 다윗이 하나님의 뜻을 따라 섬기다가 지금은 하늘에 있다고 하지 않았을까? 이유는 간단하다. 사람이 죽으면 하늘에 가는 것이 아니라 무덤 속에서 자는 것이기 때문이다.

바울: "그러므로 너희 중에 약한 자와 병든 자가 많고 잠자는 자도 적지 아니하니"(고전 11:30).

"[17] 그리스도께서 다시 살아나신 일이 없으면 너희의 믿음도 헛되고 너희가 여전히 죄 가운데 있을 것이요 [18] 또한 그리스도 안에서 잠자는 자도 망하였으리니"(고전 15:17,18).

"형제들아 자는 자들에 관하여는 너희가 알지 못함을 우리가 원하지 아니하노니 이는 소망 없는 다른 이와 같이 슬퍼하지 않게 하려 함이라"(살전 4:13).

슬퍼하는 유족들에게 천국 갔으니 걱정하지 말라고 위로하는 것이 아니라 무덤 속에서 자고 있으니, 부활의 소망을 가지라고 위로해야 한다.

성경은 너무나 분명하다. 사람이 죽으면 아무것도 모르는 무의식 상태가 된다는 것이 성경의 정의이다. 성경을 믿지 않고, "목사님, 성경에는 그렇게 되어 있지만 우리 교회에서 목사님이 그거 아니라고 했어요!"라고 하면 되겠는가? "내가 좋은 신학교에서 석사, 박사 했는데 그렇게 안 배웠어요" 이렇게 말하면 되겠는가?

오늘날 기독교뿐만 아니라 대부분의 종교계에 공존하는 사상은 "죽음 이후에도 생명이 있다"는 교리인데, 이러한 가르침은 성경의 어느 곳에서도 발견할 수 없는 사상이다. 고대 이방인들이 믿던 사상이 교회에도 스며들어온 것이다.

시편의 말씀은 죽음을 매우 단순하고도 분명하게 설명하고 있다. "그 호흡이 끊어지면 흙으로 돌아가서 당일에 그 도모(plan, 계획)가 소멸하리로다"(시 146:4). 솔로몬도 죽음에 대하여 이렇게 정의하고 있다. "무릇 산 자는 죽을 줄을 알되 죽은 자는 아무것도 모르며 다시는 상도 받지 못하는 것은 그 이름이 잊어버린 바 됨이라 그 사랑함과 미워함과 시기함이 없어진 지 오래니 해 아래서 행하는 모든 일에 저희가 다시는 영영히 분복이 없느니라 … 무릇 네 손이 일을 당하는 대로 힘을 다하여 할지어다 네가 장차 들어갈 음부(무덤)에는 일도 없고 계획도 없고 지식도 없고 지혜도 없음이니라"(전 9:5,6,10).

죽음 이후의 상태에 대한 사람들의 편견과 선입관은 너무나 깊이 뿌리 박혀 있기 때문에, 매우 분명한 성경 말씀을 눈앞에서 읽어주어도 그 말씀을 받아들이지 않는 경향이 있다. 죽은 자가 천국에서 상을 받지도 않고, 지옥에서 고통을 당하지도 않고, 죽은 자는 아무 것도 모른다는 것이 성경의 일관된 사상이다. 그런데 참 이상한 것은 이러한 성경 절을 보면서도 이방 종교의 가르침을 거의 맹목적으로 믿고 있다.

"[18] 스올(무덤)이 주께 감사하지 못하며 사망이 주를 찬양하지 못하며 구덩이에 들어간 자가 주의 신실을 바라지 못하되 [19] 오직 산 자 곧 산 자는 오늘 내가 하는 것과 같이 주께 감사하며 주의 신실을 아버지가 그의 자녀에게 알게 하리이다"(사 38:18,19). 만일 죽은 의인들이 죽는 순간에 하늘나라로 인도된다면, 그들이 하늘에서 하나님께 감사하고 찬양하지 않겠는가? 그런데 그것을 하지 못한다고 했다. 왜 그럴까? 하늘에 간 것이 아니라 무덤에서 쉬고 있기 때문이다. 다윗은 그 사실을 이렇게 확증해 준다. "죽은 자가 여호와를 찬양하지 못하나니 적막한데 내려가는 아무도 못하리로다"(시 115:17). "사망 중에서는 주를 기억함이 없사오니 무덤에서 주께 감사할 자가 누구리이까"(시 6:5).

03

사도 바울의 장례식 설교

대부분 기독교인은 죽으면 천국이나 지옥에 가는 것을 당연하게 생각하고 있다. 정말로 죽은 아버지와 어머니 그리고 아들딸들은 하늘로 올라갔을까? 이 질문에 대한 확실한 대답을 우리는 데살로니가전서 4장에 나오는 사도 바울의 장례식 설교에서 찾을 수 있다.

"[16] 주께서 호령과 천사장의 소리와 하나님의 나팔 소리로 친히 하늘로부터 강림하시리니 그리스도 안에서 죽은 자들이 먼저 일어나고 [17] 그 후에 우리 살아남은 자들도 그들과 함께 구름 속으로 끌어 올려 공중에서 주를 영접하게 하시리니 그리하여 우리가 항상 주와 함께 있으리라 [18] 그러므로 이러한 말로 서로 위로하라"(살전 4:16~18).

여기서 바울은 우리가 예수님과 영원히 함께 있을 방법을 말하고 있다. "그리하여 우리가 항상 주와 함께 있으리라" "그리하여! 주께서 재림하실 때, 부활을 통해서!" 주님과 함께 있을 수 있다는 뜻이다.

사람이 죽자마자 어떤 연기 같은 영혼이 천국에 가거나 지옥으로 떨어진다는 것은 하나님의 말씀과 어긋나는 교리이다. 그런데 오늘날 대부분의 기독교인이 그렇게 믿고 있다. 그래서 소천 예배, 천국 환송 예배 같은 이름으로 장례를 치르는데 전혀 성경적이지 않는 사상이다.

"[51] 보라 내가 너희에게 비밀을 말하노니 우리가 다 잠잘 것이 아니요 마지막 나팔에 순식간에 홀연히 다 변화되리니 [52] 나팔 소리가 나매 죽은 자들이 썩지 아니할 것으로 다시 살아나고 우리도 변화되리라"(고전 15:51,52). 죽음은 잠인데, 계속 잠만 잘 것이 아니요 깨어날 때가 있다고 한다. 언제 깨어나는가? 마지막 날에, 악인이든 의인이든 모든 죽은 자들은 완전한 무의식 세계 속에서 잠을 자다가 자신의 운명을 결정하는 최종 선고를 듣기 위해 부활할 것이다. 성경은 "죽으면 천국에 가니 서로 위로하라"고 하지 않고, "그리스도의 재림과 부활을 소망하면서 서로 위로하라"고 말씀하고 있다.

그렇다면 죽은 사람들은 어디 있는가? 죽어서 유체 이탈로 몸을 빠져나간 혼이 가족들을 도와주기 위하여 공중을 이리저리 날아다니고 있을까? 아니면 제사 때마다 자기 집에 찾아와서 제사상 위에 차려진 음식들로 배를 채우고 있을까? 아니면 천국에서 기쁨을 누리고 있거나, 지옥에서 고통을 당하고 있을까? 이 모든 질문에 대답은 "아니오"다.

죽은 자들은 완전한 무의식 속에서 예수 그리스도 재림의 날, 부활할 때까지 아무것도 모른 채 "잠"을 자고 있다고 성경은 선언하고 있다. 이 소중한 진리를 놓쳐버리면, 온갖 이방 종교에서 이야기하는 영혼에 대한 잘못된 가르침을 받아들이게 되고, 마귀가 사람들을 속이기 위해 나타내는 현상들에 쉽게 빠져들고, 성경의 가장 중요한 부활의 교리를 그저 이상한 모순된 이야깃거리로 만들어 버리게 된다.

04

나사로는 4일 동안 어디서, 무엇을 하다가 돌아왔을까?

그런데 천국이나 지옥에 다녀왔다는 간증이 넘쳐난다. "거기 가서 누구를 보고 왔다"하는 이야기들이 많다. 정말 그들이 다녀온 것일까? 성경은 사람이 죽으면 예수님의 재림 때까지 아무것도 모르고 마치 잠자는 상태와 같다가 주님께서 재림하실 때 부활한다고 하는데, 도대체 천국 지옥을 다녀왔다는 사람들의 간증은 어떻게 된 것일까?

성경에 보면 죽었다가 살아난 여러 사람이 있는데, 그중 마리아와 마르다의 가족인 나사로를 통해 답을 찾아보자. 예수님과 절친했던 나사로가 죽었을 때, 예수님은 제자들에게 다음과 같은 말씀으로 나사로의 죽음을 설명하였다.

"[11] 이 말씀을 하신 후에 또 이르시되 우리 친구 나사로가 잠들었도다 그러나 내가 깨우러 가노라 [12] 제자들이 이르되 주여 잠들었으면 낫겠나이다 하더라 [13] 예수는 그의 죽음을 가리켜 말씀하신 것이나 그들은 잠들어 쉬는 것을 가리켜 말씀하심인줄 생각하는지라 [14] 이에 예수께서 밝히 이르시되 나사로가 죽었느니라"(요 11:11~14).

나사로의 죽음을 잠자는 것이라고 친히 말씀하셨다. 그뿐만 아니라 나사로의 무덤 앞에 서신 예수님은 "나사로야 하늘에서 내려오라" 말씀하지 않으시고, "나사로야 무덤에서 나오라"고 외치셨다. 왜냐하면 나사로는 하늘에 가 있었던 것이 아니라 무덤 안에 있었기 때문이다. 예수님의 부르심에 응답하여 나사로는 죽음의 잠에서 깨어 밝은 태양 빛 아래로 걸어 나왔다. 다시는 돌아올 수 없는 죽음의 다리를 건너갔다가 예수님 덕분에 4일 만에 다시 돌아온 나사로는 자기 죽음의 경험에 대해서 무엇이라고 말했는가? 그가 하늘나라의 영화로운 광경에 대해서 말했는가? 그렇지 않다. 그는 하늘에 대해서는 단 한마디의 말도 할 수 없었는데, 그 이유는 나사로는 예수님께서 말씀하신 대로 자고 있었기 때문이다.

만약 천국에 있는 나사로를 부활시켰다면 3가지 큰 문제가 발생한다.
첫째, 만일 나사로가 하늘에 있다가 다시 이 어두운 세상으로 불려 내려왔다면, 그것은 나사로에게 있어서 얼마나 끔찍한 형벌이었겠는가? 만일 그가 하늘에서 의인들이 받는 보상을 누리고 있었다면, 그는 "예수님, 저를 다시 보내주세요!"라고 간청했을 것이다. 살려주었더니 다시 보내 달라고 하면 예수님 입장이 얼마나 난처하겠는가? 천국에서 잘 지내고 있는데, 고통과 아픔과 슬픔이 있는 이 땅으로 다시 내려오게 했다면 성경에 "나사로를 살리신 예수는 그에게 미안해하더라" 그렇게 한 줄 추가되어야 한다.

둘째, 만약 나사로가 천국에 있다가 왔다면, 예수님이 좀 원망스럽긴 하지만 그래도 사명으로 여기고, 나사로는 연일 "내가 본 천국, 4일간 경험한 천국"을 주제로 "천국 간증 집회"를 했을 것이다. 하지만 단 한 번도, 단 한마디도 천국에 대해 말할 수 없었다. 왜냐하면 말 그대로 그는 자고 일어났기 때문이다.

셋째, 만일 나사로가 실제로 천국에 갔었다면, 그를 매우 사랑하셨던 예수님께서는 다시 지구로 불러오지 않으셨을 것이고, 슬퍼하는 가족들에게 "나사로는 천국에 갔으니 기뻐하라"고 위로했을 것이다. 그러나 예수님은 함께 슬퍼하시면서 나사로를 무덤에서 불러내셨다. 상식적으로 이 사건만 보더라도 나사로는 천국에 간 것이 아님이 분명하다.

다시 한번 묻겠다. "나사로는 어디에서 무엇을 하다가 돌아왔을까?" 예수님께서는 죽음을 잠이라고 부르셨다. 죽음은 무엇을 보거나 말하거나 들을 수도 없는 완전한 무의식의 세계라고 선언한다는 사실을 기억하라.

예수님께서 죽음에 대해 말씀하신 간단한 정의를 믿기가 왜 그렇게도 어려울까? 사람이 죽는 순간에 영혼이 몸을 빠져나간다고 믿으면 성경을 오해하고, 사탄의 세력들에게 큰 속임을 당해 구원의 문제에 있어서 큰 위기를 초래할 수 있다.

05

십자가 이후 3일 동안
예수님은 어디에 계셨는가?

이번 기회에 할 수 있는 모든 질문은 다 해보자. 이런 질문도 있을 수 있다. "예수님이 십자가에 달려 돌아가실 때, 강도와 함께 낙원에 갈 거라고 말씀하지 않았는가?" 그렇다. "[42] 예수여 당신의 나라에 임하실 때에 나를 기억하소서 하니 [43] 예수께서 이르시되 내가 진실로 네게 이르노니 오늘 네가 나와 함께 낙원에 있으리라 하시니라"(눅 23:42,43). 많은 사람이 십자가 위에서 예수님과 강도 사이에 오갔던 마지막 대화를 지적하면서 사람이 죽으면 즉시로 영혼이 몸을 빠져나가 하늘로 올라간다고 주장한다.

예수님은 과연 강도와 함께 그날 낙원에 가셨을까? 어디에 계시다가 부활하신 것일까? 성경은 상반되는 이야기를 동시에 하고 있는가? 당연히 그렇지 않다. 성경의 모든 말씀은 성경 전체의 사상과 가르침에 조화되게 해석해야 하는 것이 성경 해석학의 기본원칙이다. 성경은 항상 오직 한 가지 진리만을 증거한다. 그렇다면 "오늘 네가 나와 함께 낙원에 있으리라"는 말씀은 도대체 어떻게 된 것일까? 정말 예수님께서 십자가에서 돌아가신 후, 강도와 함께 천국에 가셨다가 3일 후에 부활하신 걸까? 우리말 번역대로라면 예수님께서는 십자가에 달리신 그날에 강도와 함께 하나님께 가셨어야 했다. 그런데…

1. 아직 아버지께로 가지 않았노라

요한복음 20장에 보면 아직 천국에 다녀오지 않았다고 말씀한다. 예수님께서는 금요일에 십자가에서 돌아가셨고 일요일 이른 아침에 부활하셨는데, 막달라 마리아 앞에 나타나셔서 다음과 같이 말씀하셨다.

"예수께서 이르시되 나를 붙들지 말라 내가 아직 아버지께로 올라가지 아니하였노라 너는 내 형제들에게 가서 이르되 내가 내 아버지 곧 너희 아버지, 내 하나님 곧 너희 하나님께로 올라간다 하라"(요 20:17).

예수님께서 십자가에 돌아가신 직후 하늘에 가신 것이 아니다. "아직 안 갔고, 이제 곧 올라갈 것"이라고 직접 말씀하셨다. 이 말씀을 보면 예수님께서는 십자가에 돌아가신 날에 천국에 올라가지 않은 것이 확실하다. 그렇다면 예수님이 십자가에 달려 돌아가신 후, 부활하기 전까지 어디에 계셨는가? 예수님은 모든 인간이 그런 것처럼, 잠자는 상태에 있다가 부활하신 것이다.

영혼 불멸 사상을 붙잡고 있는 어떤 사람들은, 마치 천주교에서 말하는 것처럼 천국 말고 중간 지대인 연옥과 같은 낙원에 예수님이 다녀오신 거라고 말하기도 한다. 그렇지 않다. 성경은 천국과 비슷한 제2지대인 낙원이라는 곳이 존재한다고 말하지 않는다. 천국과 낙원은 같은 곳이다. 사도 요한은 생명나무가 하나님의 낙원에 있다는 사실을 설명하고 있는데 "귀 있는 자는 성령이 교회들에게 하시는 말씀을 들을지어다 이기는 그에게는 내가 하나님의 낙원에 있는 생명나무의 열매를 주어 먹게 하리라"(계 2:7). 하나님이 계신 장소, 생명나무의 열매를 먹는 장소가 바로 낙원, 천국이다.

2. 헬라어 원문의 의미

예수님께서 십자가에서 돌아가신 후 부활하실 때까지 하늘에 가지 않으셨다면, "오늘 네가 나와 함께 낙원에 있으리라"의 의미는 무엇일까?

신약성경은 헬라어로 쓰였는데 초기 헬라어 원문에는 마침표나 쉼표 같은 부호가 없으며, 몇 장 몇 절이라는 장과 절을 나누어 놓지도 않았다. 그러다가 성서학자들이 성경을 읽기 쉽게 하기 위해, 쉼표를 붙이고 장과 절을 나누어 놓았다. 이것은 사람들이 보기 쉽게 구분해 놓은 것이지 원문 성경에는 이런 구분이 없다는 사실을 알아야 한다. 이것이 왜 중요한가? 불행하게도 쉼표 하나 때문에 의미가 완전히 달라져 버렸기 때문이다.

> Ἀμήν λέγω σοι, σήμερον μετ' ἐμοῦ ἔσῃ ἐν τῷ παραδείσῳ.

**헬라어 원어와 그 의미: Ἀμήν (진실로) λέγω (내가 말하노니) σοι (네게) σήμερον (오늘) μετ' ἐμου (나와 함께) ἔσῃ (네가 있을 것이다) ἐν τῷ παραδείσῳ (그 낙원 안에)"

잘못된 번역: "내가 진실로 네게 이르노니, 오늘 네가 나와 함께 낙원에 있으리라."

"I tell you the truth, today you will be with me in paradise"(NIV, 눅 23:43).

쉼표를 오늘 앞에 찍으면, 십자가에 달린 바로 그날 낙원에 가셔야 한다. 하지만 부활하신 날 새벽에 분명히 말씀하시기를 그때까지는 아직도 하늘의 아버지를 뵙지 못했다고 하셨다. 그렇다면 이런 모순을 어떻게 이해하고 풀어야 할까? 그것은 본문에 찍은 쉼표(,)의 위치를 옮김으로써 쉽게 해결할 수 있다. 이 문장에서 σήμερον(세메론, 오늘)이라는 단어 앞에 찍혀 있는 쉼표(,)를 그 단어 뒤에 찍으면 모든 문제가 해결된다.

올바른 번역: "내가 진실로 오늘 네게 이르노니, 네가 나와 함께 낙원에 있으리라."

"I tell you the truth today, you will be with me in paradise"(NIV, 눅 23:43).

우리가 대화 도중 어떤 부분을 강조하거나 그것을 분명히 할 때, "오늘 내가 당신에게 약속하는데" "지금 내가 당신에게 말하는데" 이런 식으로 "오늘" 또는 "지금"이라는 단어를 통해서 그 확실성을 강조할 때가 있다. 십자가 위에서 같이 죽어가는 처지에 있지만, 그런 예수님의 몰골을 보고도 믿음을 고백한 강도가 예수님은 너무 귀하고 사랑스러우셨을 것이다. 그래서 "내가 오늘 너에게 분명히 약속한다. 나와 함께 낙원에 갈 것이다."라는 뜻의 말씀을 하신 것이다.

그럼에도 성경 번역자들이 왜 쉼표를 앞에 붙였을까? 이유는 간단하다. 기원후 3세기경부터 오리겐과 어거스틴 등에 의해 교회 안에 플라톤의 영혼 불멸 사상이 유입되었고, 긴 시간 동안 카톨릭을 통하여 교회의 정통 가르침이 되었기 때문이다. 번역자들이 인간의 사후세계에 대하여 이교 사상을 그대로 가지고 있었기에 쉼표를 "오늘"이라는 낱말 앞에 붙임으로써, 번역상의 혼란이 야기되었다.

하지만 쉼표를 뒤에 찍어야 그 의미가 예수님께서 하신 다른 말씀과 조화되고, 성경의 전반적인 사상과도 일치하게 된다. 그렇지 않으면 예수님께서는 지키지 못할 약속을 하셨거나 성경의 다른 부분과 배치되는 말씀을 하신 것으로 봐야 하는데 그럴리는 없고, 그럴 수도 없다. 쉼표를 "오늘"이라는 말의 뒤에 붙여야만, 예수님께서 강도에게 하셨던 말씀이 막달라 마리아에게 "나를 만지지 말라 내가 아직 아버지께로 올라가지 못하였노라"는 말씀과도 일치된다.

십자가의 강도처럼 죽음을 목전에 두었던 바울이 어떻게 고백했는지를 살펴본다면 강도가 예수님께 드렸던 부탁의 진정한 의미를 알 수 있다. "[6] 전제와 같이 내가 벌써 부어지고 나의 떠날 시각이 가까웠도다 [7] 나는 선한 싸움을 싸우고 나의 달려갈 길을 마치고 믿음을 지켰으니 [8] 이제 후로는 나를 위하여 의의 면류관이 예비되었으므로 주 곧 의로우신 재판장이 그날에 내게 주실 것이며 내게만 아니라 주의 나타나심을 사모하는 모든 자에게도니라"(딤후 4:6~8).

그날은 죽는 날을 의미하는가? 죽자마자 부활해서 면류관을 받을 것을 기대했는가? 아니다. 사도 바울은 영원한 보상에 대한 소망을 자기가 죽은 즉시 받을 것을 기대한 것이 아니라, 주께서 재림하시는 마지막 날에 두었다. 우리 역시 죽음 이후 천국에 바로 갈 것으로 생각할 것이 아니라, 재림과 부활이 동시에 이루어지는 "그날에!" 소망을 두어야 한다.

성경의 전반적인 사상과 그리스도의 일관된 가르침은 사람이 죽으면 무의식, 무활동 가운데서 깊은 잠을 자다가 부활해서 자신이 생전에 행한 일에 대하여 심판을 받아 영원한 생명을 얻거나 영원한 멸망을 하게 된다는 것이다.

성경은 "죽은 자는 아무것도 모른다"라고 분명하게 선언하고 있음에도 불구하고, 오늘날 많은 사람은 죽은 다음에 자신이 천국이나 지옥에 가서 어떤 것을 보고 느꼈다고 주장하고 있다. 이제, 우리는 성경이 말하는 진리와 사람들이 경험했다고 주장하는 이야기 사이에서 어느 하나를 선택해야만 한다.

당신은 무슨 선택을 하겠는가?

제5장

알쏭달쏭 난해 성경절 해석

"사람이 죽은 후에 어떻게 되는가?"라는 질문은 죽은 자들을 위한 것이 아니라 살아있는 사람들에게 필요한 질문이다. 비록 성경이 죽은 자들은 꿈도 꾸지 않는 깊은 잠을 자고 있으며 아무것도 모른다는 사실을 반복해 말하고 있을지라도, 오늘날 여전히 많은 기독교인이 헬라의 이교 사상을 좇아 영혼은 절대 죽지 않는다고 굳게 믿으며 살고 있다. 이 얼마나 고집스럽고 이상한 일인가? 오늘날 현대 그리스도인들이 믿고 있는 신조들을 성경 말씀에 비추어 보면 여러 가지가 하나님의 말씀과는 상반되게 믿고 있다는 사실에 우리는 놀라게 된다. 이러한 거짓말은 거짓의 아비 사탄에게서 유래된 것이다.

모든 거짓말에는 목적이 있다. 사탄은 왜 에덴동산에서 하와에게 선악과를 먹어도 절대 죽지 않을 것이라고 속였을까? 그 이유는 몸은 죽어도 영혼은 죽지 않는다는 거짓말을 퍼뜨린 후에, 죽은 사람들의 영혼들로 가장하여 나타나서 사람들을 속이고 미신으로 사로잡기 위함이다. 그러므로 대부분의 종교와 민간신앙에서 귀신과 접신하는 강신술과 같은 것들은 인류의 역사만큼이나 오래되었으며, 사탄은 이러한 속임수를 통하여 굿을 하는 무속신앙으로부터 시작해서 죽은 영혼들과 교통한다는 심령과학, 퇴마 등에 이르기까지 그럴듯한 가면을 쓰고 인간들을 기만하는 데 성공하게 된 것이다.

구약성경에 보면 사탄이 바로 이러한 강신술을 이용하여 미래에 대한 두려움에 휩싸여 있던 사울 왕을 속이는 데 성공한 사실을 발견할 수 있다. 사울 왕이 하나님께 버림을 당한 후, 신접한 여인을 찾아간 사실이 사무엘상 28장에 나오는데, "[3] 사무엘이 죽었으므로… [7] 사울이 그의 신하들에게 이르되 나를 위하여 신접한 여인을 찾으라 내가 그리로 가서 그에게 물으리라… [11] 여인이 이르되 내가 누구를 네게로 불러 올리랴 하니 사울이 이르되 사무엘을 불러 올리라 하는지라 [15] 사무엘이 사울에게 이르되 네가 어찌하여 나를 불러 올려서 나를 성가시게 하느냐"(삼상 28:3,7,11,15).

여기 죽음에서 솟아난 사무엘은 진짜 사무엘일까? 성경에 의하면 죽은 사람은 잠자는 것과 같기 때문에 이렇게 다닐 수가 없다. 그렇다면 사울 왕이 만났던 영혼은 누구였을까? 죽은 사무엘 선지자가 아니라 사무엘의 혼백으로 위장한 악령이었다.

구약시대뿐만 아니라 지금도 죽은 사람을 불러내는 교회가 있다. 그곳에 가면 죽은 남편, 아들 등 가족들을 만날 수 있다. 또 신내림 받은 많은 무속인에게 죽은 사람의 영혼이 들어왔다면서 생전에 했던 행동들을 하고, 죽은 아버지가 자녀들에게 집 어디에 돈이 있다고 가르쳐줘서 찾아보니 진짜 돈이 있는 일 등… 이러니 어떻게 믿지 않을 수 있겠는가?

당신 눈앞에 돌아가신 부모님이나 가족 중 누가 갑자기 나타났다고 하자. 그리고 그들이 하늘에서부터 전해줄 메시지를 가지고 왔다면서 성경과 배치되는 거짓된 것을 말한다면 어떻게 하겠는가? 하나님의 권위 있는 성경 말씀을 믿을 것인가? 아니면 눈에 보이는 영혼 같은 존재가 말하는 것을 믿을 것인가?

이 모든 것은 죽은 사람의 영혼이 아니라 귀신의 장난이다. 그래서 성경에는 이러한 강신술사나 무당들을 근절시키라는 말씀이 기록된 것이다(출 22:18; 레 19:31; 신 18:10 등). 영혼은 죽지 않고 천국이나 지옥을 바로 가거나, 구천을 떠돌거나 한다는 영혼 불멸 사상을 믿는 사람들은 이러한 사탄의 온갖 속임수에 아무런 방비 없이 노출되는 것이다.

영혼 불멸 사상을 믿게 되면, 소크라테스처럼 몸은 죽을지라도 영혼은 죽지 않는다는 자신의 철학을 입증하기 위해서 독배를 마시고 죽는 것이 어렵지 않다. 이러한 잘못된 사상 때문에 실제로 저세상에서 만나자며 독약을 먹고 집단 자살하는 종교들도 있다.

성경에 영혼 불멸을 지지하는 듯한 난해 성경 절 4가지가 있다. 이 말씀들의 참 의미를 알아보도록 하자.

01

"데리고 오시리라"

"우리가 예수께서 죽으셨다가 다시 살아나심을 믿을진대 이와 같이 예수 안에서 자는 자들도 하나님이 그와 함께 데리고 오시리라"(개정, 살전 4:14).

예수님 재림의 장면을 묘사하면서, 자는 자들을 데리고 오신다는 표현이 마치 하늘에 있는 영혼들을 데리고 오신다는 것처럼 보인다. 번역은 일종의 해석이라는 말이 있다. 번역하는 사람이 어떤 사상을 가지고 번역하느냐에 따라 그것이 해석이 되어버린다는 말이다. 이 말씀도 그런 문제를 담고 있다. 어떻게 번역하는 것이 가장 성경적인 번역이 될까?

1. 원어의 이해

오시리라의 헬라어 동사가 "인도한다"는 뜻인 "ἄγω"(아고)이다. 그래서 원래 뜻은 "무덤에서 인도하여 낸다"는 말씀이다. 따라서 예수님이 재림하셔서 무덤에서 성도들을 인도해 낸다는 것, 즉 부활시킨다는 말씀이다.

2. 자는 자들

의외로 쉽게 해석될 수 있는 또 하나의 키가 있다. 누구를 데리고 오신다고 했는가? "자는 자들"이다. 만약 하늘에서 데리고 오신다면, 하늘에서 자고 있는 영혼들에게 "이제 내가 재림해야 되니 어서 일어나!" 그렇게 깨워서 오신다는 말이 된다. 이왕 하늘에 갔는데, 하늘에서 잠만 자고 있다면 하늘에 갈 이유가 무엇이겠는가? 따라서 "자는 자들"이라고 성경 자체가 말씀해 주기 때문에 어려워할 필요가 없다. 조금만 성경을 주의 깊이 읽어보면 성경 자체가 해석을 해주고 있는데, 우리의 편견이 성경을 바르게 이해하지 못하게 한다.

3. 문맥의 이해

성경을 해석할 때는 반드시 문맥을 고려해야 한다. 바로 이어지는 16절에, "주께서 호령과 천사장의 소리와 하나님의 나팔 소리로 친히 하늘로부터 강림하시리니 그리스도 안에서 죽은 자들이 먼저 일어"(살전 4:16) 난다고 했다. 죽은 자들이 어디에서 일어나는가? 무덤에서 일어나지 하늘에서 자다가 일어나는 것이 아니다.

4. 다른 번역

다른 번역들은 성경의 원 뜻을 잘 표현했다. "우리는 예수께서 죽었다가 다시 살아나신 것을 믿습니다. 그러므로 예수께서 다시 오실 때 이미 죽어서 세상을 떠난 모든 그리스도인도 하나님께서 예수와 함께 생명의 나라로 데려가실 것을 믿습니다"(현대어, 살전 4:14).

"하나님께서는 예수님을 믿다가 죽은 자들도 … 분명히 살리실 것입니다(쉬운, 살전 4:14). 따라서 가장 합당한 이해는 예수님께서 재림하실 때, 무덤에서 성도들을 인도해서 그들을 하늘로 데리고 가신다는 것이 성경적인 이해이다.

02

"그리스도와 함께 있는 것"

"[21] 이는 내게 사는 것이 그리스도니 죽는 것도 유익함이라 [22] 그러나 만일 육신으로 사는 이것이 내 일의 열매일진대 무엇을 택해야 할는지 나는 알지 못하노라 [23] 내가 그 둘 사이에 끼었으니 차라리 세상을 떠나서 그리스도와 함께 있는 것이 훨씬 더 좋은 일이라 그렇게 하고 싶으나"(빌 1:21~23).

어떤 사람들은 이 말씀을 근거로 바울은 자신이 죽는 순간에 그의 영혼이 그리스도와 함께 있게 될 것을 기대했다고 해석함으로써, 영혼불멸을 뒷받침하려고 애쓰지만, 성경은 "그리스도와 함께 있는 것"의 의미를 이렇게 설명해 준다.

① 데살로니가 교회에 보낸 편지에서 "그리스도와 함께 있을 시기"에 대해서 말하고 있다. "[15] 우리가 주의 말씀으로 너희

에게 이것을 말하노니 주께서 강림하실 때까지 우리 살아 남아 있는 자도 자는 자보다 결코 앞서지 못하리라 [16] 주께서 호령과 천사장의 소리와 하나님의 나팔 소리로 친히 하늘로부터 강림하시리니 그리스도 안에서 죽은 자들이 먼저 일어나고"(살전 4:15,16). "주와 항상 함께 있"을 때가 언제인가? 사도 바울은 재림의 때 비로소 우리가 "그리스도와 함께 있을 것"이라고 말하고 있다.

❷ 골로새 교회에 보낸 편지에서도 바울은 우리가 언제 그리스도와 함께 있을 것인지에 대해서 밝히 말하였다. "우리 생명이신 그리스도께서 나타나실 그때에 너희도 그와 함께 영광중에 나타나리라"(골 3:4). 여기에서도 재림의 때에 "예수와 함께" 있을 수 있다고 선언하였다.

❸ 고린도 교회에 보낸 편지에서도, "[51] 보라 내가 너희에게 비밀을 말하노니 우리가 다 잠잘 것이 아니요 마지막 나팔에 순식간에 홀연히 다 변화되리니 [52] 나팔 소리가 나매 죽은 자들이 썩지 아니할 것으로 다시 살아나고 우리도 변화되리라"(고전 15:51,52). 마지막 나팔의 때에 살아나고 변화되어 예수님과 함께 있게 될 것을 말씀했다.

④ 예수 그리스도의 약속: "내가 너희를 위하여 처소를 예비하러 가노니 가서 너희를 위하여 처소를 예비하면 내가 다시 와서 너희를 내게로 영접하여 나 있는 곳에 너희도 있게 하리라"(요 14:2,3). 주님이 다시 오면 우리는 주님과 함께 있게 된다. 성경에 나오는 "육신을 떠나서"라는 표현은 죽음을 의미하지, 죽는 즉시 영혼이 육체를 떠나 그리스도와 함께 있다는 사상은 성경의 가르침이 아니다.

03

"몸을 떠나 주와 함께 있는 것"

"[6] 그러므로 우리가 항상 담대하여 몸으로 있을 때에는 주와 따로 있는 줄을 아노니 [7] 이는 우리가 믿음으로 행하고 보는 것으로 행하지 아니함이로라 [8] 우리가 담대하여 원하는 바는 차라리 몸을 떠나 주와 함께 있는 그것이라"(고후 5:6~8).

여기 "몸을 떠나 주와 함께" 있는다는 표현이 나온다. "영혼은 불멸하기 때문에 죽으면 영혼이 빠져나온다"는 사상을 가지고 있는 사람들은 이 성경 절을 이용하여 영혼이 육신을 떠난다고 말한다. 그러나 그 앞에 나오는 1~4절까지를 읽어보면, "몸을 떠나 주와 함께 거한다"라는 말의 참뜻을 이해할 수 있다.

"[1] 만일 땅에 있는 우리의 장막집이 무너지면 하나님께서 지으신 집 곧 손으로 지은 것이 아니요 하늘에 있는 영원한 집이 우리에게 있는 줄 아느니라 [2] 참으로 우리가 여기 있어 탄식하며 하늘로부터 오는 우리 처소로 덧입기를 간절히 사모하노라 [3] 이렇게 입음은 우리가 벗은 자들로 발견되지 않으려 함이라 [4] 참으로 이 장막에 있는 우리가 짐 진 것 같이 탄식하는 것은 벗고자 함이 아니요 오히려 덧입고자 함이니 죽을 것이 생명에 삼킨 바 되게 하려 함이라"(고후 5:1~4). 사도 바울은 자신의 썩어져 없어질 몸을 "장막 집"이라는 표현을 사용했다. 그러므로 "땅에 있는 우리의 장막 집이 무너지면"의 의미는 죽음을 뜻한다. 베드로 역시 자기 죽음을 예고하면서 "나의 장막을 벗어날 것이 임박한 줄을 앎이라"(벧후 1:14)고 했다. 그렇다면 "하늘에 있는 영원한 집" 곧 "하늘로부터 오는 우리 처소로 덧입는" 것은 무엇인가? 문맥상 실제 집이 아니라 4절에 대답이 나온다. **"죽을 것이 생명에 삼킨바 되"**는 때, 즉 그리스도의 재림 때 부활한 몸이 입게 될 썩지 않을 신령한 몸을 말하는 것이다.

그렇다면 이어지는 8절에 나오는 **"몸을 떠나 주와 함께 거하는 그것"**이란 무슨 뜻인가? 영혼 불멸을 주장하는 사람들이 말하는 것처럼, 바울은 육체를 벗어나 속히 하늘에 가기를 원했던 것이 아니라, 마지막 부활의 날에 새로운 몸을 하나님께로부터 받기를 원했던 것이다.

계속해서 이어지는 성경 절에 그 대답이 나와 있다. "이는 우리가 다 반드시 그리스도의 심판대 앞에 드러나 각각 선악 간에 그 몸으로 행한 것을 따라 받으려 함이라"(고후 5:10). 심판대 앞에서 각각 그 행한 것에 따라 보상을 받게 되는 때가 언제인가? 재림의 때이다. "내가 속히 오리니 내가 줄 상이 내게 있어 각 사람에게 그의 일한 대로 갚아 주리라"(계 22:12). 사도 바울은 고린도전서 15장에서 다시 이 사실을 확인하고 있다. "[51] 보라 내가 너희에게 비밀을 말하노니 우리가 다 잠잘 것이 아니요 마지막 나팔에 순식간에 홀연히 다 변화되리니 [54] 이 썩을 것이 썩지 아니함을 입고 이 죽을 것이 죽지 아니함을 입을 때에는 사망을 삼키고 이기리라고 기록된 말씀이 응하리라"(고전 15:51,54). 그러므로 몸을 떠나 주와 함께 있게 되는 날은 그리스도의 재림의 날이다.

04

"영으로 옥에 있는 영들에게 전파하시니라"

"[18] 그리스도께서 … 육체로는 죽임을 당하시고 영으로는 살리심을 받으셨으니 [19] 저가 또한 영으로 옥에 있는 영들에게 전파하시니라 [20] 그들은 전에 노아의 날 방주 예비할 동안 하나님이 오래 참고 기다리실 때에 순종치 아니하던 자들이라"(벧전 3:18~20)

이 말씀을 잘못 읽으면 심각하게 잘못된 교리들이 탄생할 수 있는 난해절이다. 마치 예수님께서 십자가에 달려 죽으신 직후에 지옥에 내려가셔서 노아 당시에 멸망한 사람들에게 복음을 전파하셨다는 것으로 오해하기 쉽고, 실제 그렇게 이야기하는 사람들이 많다. 만일 그것이 사실이라면, 죽은 후에도 구원받을 수 있는 두 번째 기회가 있다는 말이 된다.

지옥에서 예수님을 영접하고 천국으로 갈 수 있는 것일까? 성경 어디에도 죽은 이후에 구원의 기회가 있다는 가르침은 없다. 죽는 순간에 구원받을 수 있는 기회도 끝난다는 말씀이 여러 곳에 나와 있다(마 16:27; 롬 2:6; 겔 18:24; 계 22:12 등). 그리고 또 문제가 있다. 만약 죽은 이후에도 구원의 기회가 주어진다면, 왜 노아 홍수 당시에 구원받지 못한 사람들에게만 그런 특권을 줘야 하는가? 도무지 있을 수 없는 이야기이다. 어떤 사람들은 그들을 구원하러 지옥에 가서 복음을 전하는 것이 아니라 그들이 왜 지옥에서 고통을 당하는지 알려주기 위해서라고 말한다. 예수님이 지옥에 가셔서 그 사람들을 보면서 "너희 나 안 믿었지 그러니 이렇게 고통당하는 거야"라며 고통당하는 사람들에게 그렇게 알려준다면 사랑의 하나님이 아니시다.

그렇다면 베드로전서 3장에 나오는 "육체로는 죽임을 당하시고 영으로는 살리심을 받으셨으니, 저가 또한 영으로 옥에 있는 영들에게 전파하시니라"는 말씀의 참된 의미는 무엇인가? 이 말씀을 전반부와 후반부로 나누어서 살펴보자.

1) "육으로는 죽임을 당하시고 영으로는 살리심을 받으셨으니"

이 말씀의 뜻을 자칫 오해하여, 예수님께서 죽으셨을 때 육체는 죽었지만, 영혼은 육체에서 분리되어 살아난 것으로 생각해서는 안 된다. 이 말씀의 의미는, 예수님께서 십자가에서 죽으셨지만, 성령으로 말미암아 부활하여 영원한 생명을 받으셨다는 뜻이다. 이러한 사실이 로마서에서 더욱 구체적으로 확인된다. "이 아들로 말하자면 육신으로는 다윗의 혈통에서 나셨고, 성결의 영으로는 죽은 자 가운데서 부활하여 능력으로 하나님의 아들로 인정되셨으니"(롬 1:3,4).

십자가에서 죽으셨다가 성령의 능력으로 부활하셨던 그리스도께 일어난 이러한 변화는 그리스도뿐만 아니라 그리스도인들에게도 그대로 일어나는데, 성경은 그것을 이렇게 표현하고 있다. "예수를 죽은 자 가운데서 살리신 이의 영이 너희 안에 거하시면 그리스도 예수를 죽은 자 가운데서 살리신 이가 너희 안에 거하시는 그의 영으로 말미암아 너희 죽을 몸도 살리시리라"(롬 8:11).

성령께서 우리 안에 계시면, 비록 육체는 죽을지라도 성도들에게는 부활이 보장되며 영원한 생명이 약속된다. 바로 이것이 육으로는 죽임을 당하나 영으로는 살림을 받는다는 아주 단순하고도 확실한 말씀이다.

2) "영으로 옥에 있는 영들에게 전파하시니라"

이어서 영으로 옥에 있는 영들에게 전파하신다고 했는데, 우리는 같은 절 앞부분에 사용된 영이 성령임을 확인했다.

그렇다면 "옥에 있는 영들"은 누구이며, 또 "옥"은 어디를 말하는가? "옥"이라고 하니까 지옥을 생각하는데, 많은 번역은 갇혀 있는 어떤 장소라고 번역했다.

"감옥에 있는 영들에게도 가서"(KJV, 벧전 3:19)

"갇혀 있는 영들에게 가서"(현대인, 벧전 3:19)

"갇혀 있는 영혼들을 찾아가"(현대어, 벧전 3:19)

"갇혀 있는 영혼들에게도 가서"(공동, 벧전 3:19)

또한 "영"의 헬라어 원어는 "프뉴마"로서 "생명, 존재"의 의미가 있다. 그러므로 "옥에 있는 영들"이란 옥에 있는 사람들을 의미한다. 그렇다면 성경에서 "옥"은 어디를 말하는가? 그것은 지옥을 의미하는 것이 아니라 영적으로 어두운 이 세상을 뜻한다. 이사야 선지자도 "옥"을 어두운 세상이라는 의미로 사용하였다. "네가 소경의 눈을 밝히며 갇힌 자를 옥에서 이끌어 내며 흑암에 처한 자를 간에서 나오게 하리라"(사 42:7). 또한 시편에서는 "옥"을 영적인 어두움을 묘사하는 표현 방법으로 사용하였다. "내 영혼을 옥에서 끌어 내사 주의 이름을 감사케 하소서"(시 142:7).

옥은 다른 곳이 아닌, 이 땅 우리가 살고 있는 지구이다. "옥에 있는 영들"이 누구인가에 대해서는 계속해서 이어지는 성경절에서도 분명하게 밝혀진다. "그들은 전에 노아의 날 방주를 준비할 동안 하나님이 오래 참고 기다리실 때에 복종하지 아니하던 자들이라"(벧전 3:20). 사도 베드로는 지금 예수님이 십자가에 돌아가셔서 부활하기까지 지옥에 내려가셔서 노아 홍수 당시 멸망한 사람들에게 복음을 전했다고 이야기하고 싶은 걸까? 영혼 불멸설을 믿으면 이런 해괴망측한 상상이 마치 성경 말씀처럼 둔갑하게 된다.

베드로전서는 소아시아 지역의 시련 받는 성도들을 위로하기 위하여 기록된 편지서이다. 그 당시 교회는 외부의 박해와 내부의 시련으로 고통 중에 있었다. 악인들이 득세하고 의인들은 고난 가운데 있었다. 그래서 예수님의 죽음과 부활로 위로한 후, 노아 시대의 예를 들어 구원의 복음을 듣고도 "순종치 아니하던 자들"에게는 준엄한 심판이 있을 것을 경고하며 끝까지 인내할 것을 격려(벧전 4:5,6; 벧후 2:5~10)하고 있는 것이다.

또한 베드로가 말하고 싶은 것은, 노아 홍수로 멸망한 그 사람들에게도 예수님이 성령을 통하여 복음을 전파하셨다는 사실이다. 그들이 복음을 듣지 못해서 멸망한 것이 아니다. 성령의 호소가 있었음에도 완고하게 거절했고 결국 심판을 받았음을 말하고 있다. 따라서 베드로는 성령의 호소가 있을 때, 하나님께서 오래 참으시고 기다리실 때, 회개하고 돌이키라는 호소를 하는 것이다.

성경의 진리는 모든 사람의 구원은 그들이 살아 있는 동안에 하나님의 말씀과 진리에 어떠한 태도를 나타내며 살았는가에 따라서 결정된다. 사람이 죽은 다음에는 구원을 위한 기회가 더 이상 주어지지 않는다는 사실을 잊지 말자.

우리가 지금까지 공부한 것처럼 성경은, 죽은 자들은 아무것도 모르며 깊은 잠을 자는 것이라고 말씀한다. 죽은 사람들은 자기의 할 일을 다 마치고 지금 편히 쉬고 있다. 우리는 그리스도인들로서 성경에도 없는 이교의 가르침을 가지고 이미 고인이 된 우리의 부모들과 가족들을 이상한 귀신으로 만들지 말아야 한다.

성경은 부활을 가르치고 있다. 만일 사람이 죽어서 그 영혼이 천국이나 지옥으로 이미 가 있는 것이라면 도대체 부활이 왜 필요하겠는가? 사람이 죽으면 땅속에서 잠자고 있는 것이다. 그래서 인간들과 모든 자연계와 피조물이 주님의 오심을 고대하고 있다. 다시는 썩지 아니할 새 몸을 입기 위해서, 우리 모두는 부활의 그 아침을 사모하고 있는 것이다. 인류의 소망은 부활이다. 그래서 바울은 고린도전서 15장에서 우리에게 부활이 없다면 다 망하였을 것이라고 말한다.

"부활"은 완전한 개체와 개성을 지닌 전인적인 생명의 회복을 의미한다. 육체는 썩고 영혼만 부활하는 것이 아니다. 바울은 그리스도의 부활이 없었다면 어떤 일들이 생기게 되는지를 다음과 같이 강한 어조로 선언하였다.

① **복음의 전파가 필요 없다:** "[13] 만일 죽은 자의 부활이 없으면 그리스도도 다시 살아나지 못하셨으리라 [14] 그리스도께서

만일 다시 살아나지 못하셨으면 우리가 전파하는 것도 헛것이요"(고전 15:13,14).

② **그리스도교의 신앙도 헛된 일이다**: "그리스도께서 다시 사신 것이 없으면 너희의 믿음도 헛되고"(고전 15:17).

③ **죄의 용서가 없다**: "너희가 여전히 죄 가운데 있을 것이요"(고전 15:17).

④ **영생에 대한 소망이 없다**: "그리스도께서 다시 사신 것이 없으면 … 또한 그리스도 안에서 잠자는 자도 망하였으리니"(고전 15:17,18).

⑤ **그리스도인들은 가장 불쌍한 자가 된다**: "만일 그리스도 안에서 우리의 바라는 것이 다만 이 세상의 삶뿐이면 모든 사람 가운데 우리가 더욱 불쌍한 자이리라"(고전 15:19).

그리스도께서 부활하신 것처럼 죽어 무덤 속에서 쉬고 있는 그리스도인들도 부활할 것이다. 바울은 계속해서 이렇게 말한다. "[20] 그러나 이제 그리스도께서 죽은 자 가운데서 다시 살아나사 잠자는 자들의 첫 열매가 되셨도다 [21] 사망이 한 사람으로 말미암았으니 죽은 자의 부활도 한 사람으로 말미암는도다 [22] 아담 안에서 모든 사람이 죽은 것 같이 그리스도 안에서 모든 사람이 삶을 얻으리라 [23] 그러나 각각 자기 차례대로 되리니 먼저는 첫 열매인 그리스도요 다음에는 그가 강림하실 때에 그리스도에게 속한 자요"(고전 15:20~23).

그렇다면 부활의 목적은 무엇이며, 부활에는 어떤 종류가 있는가? 히브리서 기자는 이렇게 기록하였다. "[27] 한 번 죽는 것은 사람에게 정해진 것이요 그 후에는 심판이 있으리니 [28] 이와 같이 그리스도도 많은 사람의 죄를 담당하시려고 단번에 드리신 바 되셨고 구원에 이르게 하기 위하여 죄와 상관없이 자기를 바라는 자들에게 두 번째 나타나시리라"(히 9:27,28).

인간의 사후에 심판이 있고, 그 심판은 그리스도의 재림 때에 시행된다는 것이다. 다시 말해서, 재림의 때에 사람들은 심판을 받기 위해 부활할 것이라는 말씀이다. 그리스도께서는 좀 더 구체적으로 이렇게 말씀하셨다. "[25] 진실로 진실로 너희에게 이르노니 죽은 자들이 하나님의 아들의 음성을 들을 때가 오나니 곧 이때라 듣는 자는 살아나리라 [26] 아버지께서 자기 속에 생명이 있음 같이 아들에게도 생명을 주어 그 속에 있게 하셨고 [27] 또 인자 됨으로 말미암아 심판하는 권한을 주셨느니라 [28] 이를 놀랍게 여기지 말라 무덤 속에 있는 자가 다 그의 음성을 들을 때가 오나니 [29] 선한 일을 행한 자는 생명의 부활로, 악한 일을 행한 자는 심판의 부활로 나오리라"(요 5:25~29).

그리스도께서는 "생명의 부활"과 "심판의 부활"이라는 부활의 종류까지 분명히 언급하셨다. 바울도 두 종류의 부활이 있을 것을 말하면서 그것을 "의인과 악인의 부활"(행 24:15)이라고 일컬었다. 그런데 이 두 종류의 부활 사이에는 1,000년이라는 기간이 있을 것이라고 요한계시록은 말하고 있다. 그중에서 "첫째 부활"은 의인들의 부활로서 "생명의 부활"이라 일컬어지고, 이 부활에 참여하는 자들은 "복이 있고 거룩한" 사람들이다(계 20:5,6). 그들은 영원한 생명 곧 불멸을 입게 될 것이며(요 5:29; 고전 15:52,53), "다시 죽을 수도 없는" 존재로 변화하며(눅 20:36), 이 일은 그리스도의 재림 때 있게 될 것이다(고전 15:22,23; 살전 4:15~18).

반면에, "둘째 부활" 곧 악인/죄인들의 부활에 참여하는 이들은 천년기 동안에 무의식 상태인 죽음에 처해 있다가 그 후에 모두 부활하여 정죄의 심판을 받아 "둘째 사망 곧 불못"(계 20:14,15)에 던져질 것이다. 악인들이 끝까지 하나님의 사랑을 거절하고 회개하기를 거절한 결과로 당하게 되는 심판이다. 지옥은 자기 죄의 책임을 자신이 당해야만 하는 바로 이 불못이다. 이 불은 죄인이 타서 소멸하면 꺼질 것이고 지구는 새 하늘과 새 땅으로 단장될 것이다. 그들은 이 끔찍한 죽음을 당하지 않을 수도 있었다.

하나님께서는 에스겔을 통하여 다음과 같이 말씀하셨다. "[30] 주 여호와의 말씀이니라 이스라엘 족속아 내가 너희 각 사람이 행한 대로 심판할지라 너희는 돌이켜 회개하고 모든 죄에서 떠날지어다 그리한즉 그것이 너희에게 죄악의 걸림돌이 되지 아니하리라 [31] 너희는 너희가 범한 모든 죄악을 버리고 마음과 영을 새롭게 할지어다 이스라엘 족속아 너희가 어찌하여 죽고자 하느냐 [32] 주 여호와의 말씀이니라 죽을 자가 죽는 것도 내가 기뻐하지 아니하노니 너희는 스스로 돌이키고 살지니라"(겔 18:30~32).

그리스도께서는 "네가 죽도록 충성하라 그리하면 내가 생명의 면류관을 네게 주리라"(계 2:10)고 약속하시면서 "이기는 자는 둘째 사망의 해를 받지 아니하리라"(계 2:11절)고 보증하셨다. "첫째 부활"에 참여함으로써 "둘째 사망" 곧 영원한 멸망을 면한 의인들은 "하나님과 그리스도의 제사장이 되어 천 년 동안 그리스도로 더불어 왕 노릇할"(계 20:6) 것이며, 천년기가 끝난 후에는 악인들이 부활하여 사탄과 더불어 영원한 멸망을 당할 것이다(계 20:7~10절).

성경은 분명한 음조로 죽음은 잠과 같은 것이라고 말하고 있으며, 지금 죽어 있는 사람들과 앞으로 죽을 사람들은 예외 없이 부활을 경험할 것인데, 의인들은 "첫째 부활"인 "생명의 부활"에 참여하여 영원한 생명을 누릴 것이고, 악인들은 그로부터 1,000년이 지난 후에 "둘째 부활"인 "심판/정죄의 부활"에 참여하여 영원한 멸망을 당할 것이라고 오해할 여지 없이 확실하게 선언하고 있다.

성경은 절대로 영혼불멸설을 가르치고 있지 않다. 그것은 중세기 때에 살그머니 교회 안으로 들어온 이교 사상이다. 우리는 과연 성경을 믿을 것인가? 아니면 사람의 철학과 가르침을 믿을 것인가? 선택은 우리에게 달려 있다. "베뢰아 사람은 데살로니가에 있는 사람보다 더 신사적이어서 간절한 마음으로 말씀을 받고 이것이 그러한가 하여 날마다 성경을 상고하므로"(행 17:11). 교회의 전통이나 교단의 교리가 아니라 성경의 가르침을 따라 참된 부활의 실체이신 그리스도를 믿고 주님이 다시 오시는 재림의 소망을 갖고 사는 그리스도인이 되기를 간절히 바란다.

제6장

지옥 마케팅

영원히 끔찍한 고통을 당하는 지옥이 있다고 믿는 사람들에게 그것만큼 좋은 마케팅 수단이 없다. 한번은 어느 사찰의 주지 스님이 지옥을 4단계로 나누어 고통이 심한 곳에서 덜한 곳으로 한 단계씩 올리는데, 500만 원이 든다며 돈을 받은 적이 있다. 4단계의 지옥을 완전히 빠져나오는 데 2천만 원이면 된다. 그다음은 극락으로 연결되는데 일단 그곳에 발을 들여놓아도 더 좋은 곳으로 가도록 하기 위해 수억에서 수십억을 지불한 가족도 있었다.

기독교도 예외가 아니다. 중세에 고안된 면죄부가 바로 지옥 마케팅의 원조였는지 모르겠다. 로마에 베드로 대성당을 건축하기 위해 막대한 자금이 필요했는데 그 자금을 충당하는 방법으로 면죄부가 판매되었다. 연옥에 대기 중인 영혼을 위해 면죄부를 사면 그 순간 낙원으로 옮겨진다고 가르쳤다. 오늘날 매일 수천 명의 관광객이 몰리는 바티칸 대성당은 지옥 마케팅의 산 증언이다. 카톨릭에서 빠져나온 개신교도 지옥 마케팅에서 자유롭지 않다. 무시무시한 지옥을 실감 나게 설명해서 사람들을 기독교로 개종시키려는 목사들이 많다. 일종의 공포 마케팅이다.

내 서재에는 "서○○ 목사의 천국과 지옥 간증 수기"(하늘빛 출판사)라는 책이 있다. 성경책만큼 두꺼운 이 책의 표지부터가 보기에 끔찍하다. 벌건 쇳물에 한 사람이 고통당하고 있다. 이 책은 누가 지옥에 가는지, 지옥에서 어떤 고통을 당하는지 실감

나게 묘사해 놓기도 했다. 저자는 지옥에서 누구도 보았고 누구도 만났다고 한다. 끔찍한 지옥에 대한 모습을 너무 자세히 묘사하고 있어서 끝까지 읽기가 힘든 책이다. 이것은 인간의 상상력만으로 쓸 수 없는 책이다. 저자가 말하는 것처럼 하나님께서 직접 보여준 계시든지 아니면 사탄이 보여준 계시든지 둘 중 하나일 것이다. 이런 책이 책장에 있다는 것 자체가 불쾌하다. 연구의 목적 때문에 갖고는 있지만 조만간 불태워서 영원히 없애야겠다. 책이 불에 타면 어떻게 되는가? 재가 되어 영원히 사라진다. 그렇다. 성경이 말하고 있는 지옥에 대한 개념이 바로 이런 것이다. 불에 탄 후 재가 되어 사라지는 것.

그런데 불교, 천주교, 개신교를 비롯해 대부분의 종교가 인간을 의인과 악인으로 분류하고 악인은 죽으면 끝없는 고통을 당하는 지옥에 간다고 가르친다. 펄펄 끓는 불 못에서 천년만년, 아니 영원이라는 시간 동안 끝없는 고통을 당한다고 생각해 보자. 인간들이 묘사하는 지옥이 사실이라면 신은 너무 잔인하다. 사랑과 자비의 신이라는 하나님께서 인간들이 고작 70~80년 악한 일을 했다고 이렇게 하실 수 있을까? 무엇보다 기상천외한 것은 천국 바로 옆에 그런 지옥이 있다는 사실을 믿을 수 있는가? 지옥 옆이 천국이라면 그곳은 천국이 아니다. 굴뚝에서 사람 태우는 연기가 밤낮 올라오는 화장터 바로 옆이 무슨 천국인가?

이 그림을 한번 보라. 위에는 사람들이 즐거워 춤을 추고 그 아래서는 불타는 지옥에서 고문을 당하고 있다. 천국 다운가? 대부분 종교인이 이렇게 생각하고 있다. 특별히 부자와 거지 나사로의 이야기를 통해 이런 상황은 더욱 설득력 있게 제시된다.

01

부자와 거지 나사로

"[19] 한 부자가 있어 자색 옷과 고운 베옷을 입고 날마다 호화롭게 즐기더라 [20] 그런데 나사로라 이름하는 한 거지가 헌데 투성이로 그의 대문 앞에 버려진 채 [21] 그 부자의 상에서 떨어지는 것으로 배불리려 하매 심지어 개들이 와서 그 헌데를 핥더라 [22] 이에 그 거지가 죽어 천사들에게 받들려 아브라함의 품에 들어가고 부자도 죽어 장사되매 [23] 그가 음부에서 고통 중에 눈을 들어 멀리 아브라함과 그의 품에 있는 나사로를 보고 [24] 불러 이르되 아버지 아브라함이여 나를 긍휼히 여기사 나사로를 보내어 그 손가락 끝에 물을 찍어 내 혀를 서늘하게 하소서 내가 이 불꽃 가운데서 괴로워하나이다 [25] 아브라함이 이르되 얘 너는 살았을 때에 좋은 것을 받았고 나사로는 고난을 받았으니 이것을 기억하라 이제 그는 여기서 위로를 받고 너는 괴로움을 받느니라 [26] 그뿐 아니라 너희와 우리 사이에 큰 구렁텅이가 놓여 있어 여기서 너희에게 건너가고자 하되 갈 수 없고 거기서 우리에게 건너올 수도 없게 하였느니라"(눅 16:19~26).

부자와 거지 나사로의 이야기를 문자 그대로 실제로 이해해야 하는가? 아니면 비유로써 이해해야 하는가? 오늘날 많은 교회에서 부자와 거지 나사로의 이야기를 사람들의 마음에 공포심을 넣어주기 위한 수단으로 사용하고 있다. 지옥에 대한 공포심으로 인하여 일시적인 "회개"가 생길지는 모르지만, 하나님과 지옥에 대한 심각한 오해가 생기기 때문에, 결과적으로는 신앙생활에 커다란 손해를 가져다준다.

개신교 내에서도 크게 두 가지로 견해가 나뉘는데, 한 부류는 천국과 지옥의 모습이라 하고 또 한 부류는 천국과 지옥에 가기 전에 거치는 중간 지대 낙원과 음부라고 한다. 이렇게 주장하는 사람이 대표적으로 칼빈이다. 칼빈은 그의 논문인 혼수론(Psychopannychia)에서 의인은 중간지대인 낙원에서 예비적인 행복을 누리고, 악인은 음부의 불에서 예비적인 고통을 당한다고 주장했다. 이러한 사상은 어거스틴의 연옥 교리에서 착안한 것임을 알 수 있다. 천주교의 연옥의 가르침이 칼빈에 의해 중간 지대라는 옷으로 바꿔 입고 교회에 소개된 것이다.

02

비유일 수밖에 없는 4가지 이유

1) 서로 마주 보고 대화하는 천국과 지옥

부자와 나사로에 의하면, 천국과 지옥이 서로 마주 볼 수 있는 곳이다. 그리고 서로 대화할 수도 있다. 그렇다면 천국에 있는 사람들이 지옥에 있는 사람들을 보면서 행복했을까? 지옥의 유황불 속에서 믿지 않았던 나의 부모, 자녀들이 괴로워하며 물 한 방울만 찍어 달라고 하는데, "그렇게 살았을 때 왜 안 믿었어?" 하면서 자기는 천국에 있는 것을 굉장히 다행스럽게 여기며 기뻐하고 즐거워할까? 천국이 그런 곳이라면 이런 천국은 없어야 하며 만약 실존한다면 그곳이야말로 생지옥이 아니겠는가?

고속도로를 운행하다 보면 종종 자동차에 치여 죽은 동물들을 볼 때가 있다. 길거리에 죽어 있는 동물을 볼 때도 그렇게 마음이 아프고 끔찍한데, 산채로 고통당하는 사람들을 보면서 물 한 방울 찍어주지 않는 그런 악독한 사람들이 있는 곳이 천국이란 말인가! 정말 그런 사람들이 거하는 곳이 천국인가! 그러므로 비유는 비유로써 해석해야만 한다. 비유를 비유로써 받아들이지 않을 경우 하나님을 오해하고, 성경의 진리를 왜곡하는 이상한 결론에 도달하게 된다.

2) 왜 아브라함의 품에 안겨 있는가?

당신은 천국에 가면 아브라함의 품에 안기고 싶은가? 아니면 하나님 품에 안기고 싶은가? 예수님께서 나사로가 정말 천국에 간 것을 표현하신 것이라면 아브라함의 품 대신 하나님의 품에 안겼을 것이라고 말씀하셨을 것이다. 천국에 간 의인들이 실제로 아브라함의 품에서 쉼을 얻는다면, 아브라함은 누구의 품 안에서 쉼을 얻겠는가?

또 문제가 있다. 모든 의인이 아브라함 품에서 쉰다면, 아브라함 이전에 살았던 사람들 지구창조 후 약 2천 년간 살았던 의인들은 누구의 품에 있다는 말인가? 그리고 고통받는 악인들이 하나님도 아닌 왜 아브라함에게 자비를 구해야 하는가? 성경 어디에도 이런 기상천외한 가르침이 없다. 따라서 이 내용은 실제일 수가 없고, 교훈을 주기 위한 비유로 이해해야 한다. 무슨 교훈을 주기 위함이었는지는 잠시 후에 알아보도록 하자.

3) 아브라함은 아직 하늘에 가지 않았다

우리는 영과 혼과 육에 관한 공부를 통해서 아브라함은 아직 하늘에 가지 않았다는 성경의 진리를 알게 되었다. "다윗은 하늘에 올라가지 못하였으나 … 형제들아 내가 조상 다윗에 대하여 담대히 말할 수가 있노니 다윗이 죽어 장사 되어 그 묘가 오늘날까지 우리 중에 있도다"(행 2:29~34). 베드로는 그 당시 이미 죽은 지 700년 이상이나 되는 다윗에 대해서 말하기를 그가 아직 하늘에 올라가지 못하고 무덤 속에 있다고 말하였다. 만일 다윗과 같은 의인이 아직 천국에 가지 못하였다면, 아브라함 역시 아직 무덤 속에서 부활의 날을 기다리고 있다고 생각해야 한다. 그렇다. 바울은 히브리서 11장에서 아브라함, 이삭, 야곱 등의 믿음을 소개하면서 "이 사람들이 다 믿음을 따라서 죽었으나 약속을 받지 못하였으되"라고 말함으로써, 아브라함과 같은 믿음의 조상도 아직 천국에 들어가는 보상을 받지 못했다는 사실을 분명히 했다.

그러면 아브라함은 언제 천국에 들어가게 될까? "의인들의 부활 시에 네가 갚음을 받겠음이라"(눅 14:14). 그렇다면 의인들은 언제 부활하는가? "인자가 아버지의 영광으로 천사들과 함께 오리니 그때에 각 사람의 행한 대로 갚으리라"(마 16:27). 이제 모든 것이 분명해졌다. 아브라함 역시 예수님께서 재림하시는 세상 끝 날에 모든 의인과 함께 천국에 들어가는 약속을 보상으로 받는다는 것이 성경이 말하는 진리이다.

그런데 부자와 나사로의 이야기에는 아브라함이 이미 천국에 들어가 있는 것으로 나와 있다. 그러므로 이것은 실제가 아니라, 또 천국이나 지옥에 대한 설명을 위한 것이 아니라 다른 교훈을 주기 위한 비유로 이해해야 한다.

4) 죽은 후, 육체가 갔는가? 영혼이 갔는가?

일반적으로 사람이 죽으면 육체는 흙으로 돌아가 썩고, 영혼이 몸에서 빠져나와 천국과 지옥으로 간다고 생각하고 있다. 물론 이것이 성경적으로 잘못된 사상이라는 것은 영과 혼과 육에 관해서 공부할 때 설명했다. 그런데 부자와 나사로 비유를 보면, 육체도 가지고 간 것으로 묘사돼 있다. 지옥에 있는 부자가 아브라함의 품 안에서 쉬고 있는 나사로의 손가락으로부터 떨어지는 물 한 방울로 그의 혀를 시원하게 하기를 갈망하는 장면이 나온다. 만일 이 상황이 실제라면, 손가락과 혀와 갈증을 느끼는 육체를 가지고 천국과 지옥에 갔다고 믿어야 한다. 우리가 고통을 느끼려면 신경세포와 감각이 살아있어야 한다. 연기 같은 영혼이 간 것이 아니고, 육체가 천국에 간 것이기 때문에 많은 사람들이 일반적으로 알고 있는 영혼이 하늘에 간다는 이해 와도 충돌된다.

성경에 의하면 인간이 죽은 후에 육체 또는 영혼 그 어느 것도 하늘에 가지 않는다. 오직 세상 끝 날에 하나님의 능력으로 부활하게 된다는 것이 성경의 가르침인데, 부자와 나사로 이야기를 실제로 받아들이면 성경 전체의 가르침과도 정반대가 된다.

그렇다면 이 비유가 말하고자 하는 것은 무엇일까? 예수님은 왜 이런 비유를 말씀하셨을까?

성경에는 어떤 교훈을 주기 위한 목적으로 비유를 사용하는 경우가 있다. 사사기에 보면 나무들이 사람처럼 말하는 내용이 나오는데, 누구도 그것을 실제로 생각하지 않을 것이다(삿 9:8~15). 그것이 비유인지는 문맥을 보면 알 수 있고 상식으로도 알 수 있다. 부자와 거지 나사로의 이야기가 기록된 누가복음 16장은 예수님의 여러 비유 설교 가운데 한 부분인데, 누가복음 15장에서 이렇게 시작한다. "예수께서 그들에게 이 비유로 이르시되"(눅 15:3) 그리고는,

(눅 15:4~7) 잃은 양의 비유
"어느 사람이 양 일백 마리가 있는데"

(눅 15: 8~10) 잃어버린 은전의 비유
"어느 여자가 열 드라크마가 있는데"

> (눅 15:11~32) 잃어버린 아들(탕자)의 비유
>
> "어떤 사람이 두 아들이 있는데"
>
> (눅 16:1~13) 불의하지만 지혜로운 청지기 비유
>
> "어떤 부자에게 청지기가 있는데"
>
> (눅 16:19~31) 부자와 나사로의 비유
>
> "한 부자가 있어"

누가 보아도 비유인 부자와 나사로의 이야기를 굳이 역사적인 사실이라고 생각할 필요가 없다. 부자와 나사로 비유는 당시 민중들 사이에 널리 퍼져 있던 민속 설화 중 하나였다. 예수님은 사람들이 잘 알고 있는 이야기로 교훈을 주시고자 하셨다. 이 비유를 통하여 예수님께서 드러내시고자 한 교훈은 무엇인가? 이미 문맥에 나타났듯이, "바리새인들은 돈을 좋아하는 자라 이 모든 것을 듣고 비웃거늘"(눅 16:14). 이에 대한 대답으로 말씀하신 것이다.

03

부자와 거지 나사로의 4가지 교훈

1) 청지기 비유

누가복음 16장 전체는 청지기의 직분에 관한 내용이다. 16장 전반부에서 물질에 대한 청지기 직분을 설명하신 후에, 후반부에서는 유대인들이 하나님께로부터 진리를 위탁받은 것에 대해 설명해 주셨다. 전반부에 나온 청지기가 주인이 자신에게 맡겨준 물질적인 부를 불성실하게 관리함으로써 책망받았던 것처럼, 후반부에 나오는 부자는 유대인들을 상징한다.

이와 반대로 나사로는 영적으로 가난한 모든 사람들, 즉 이방인들을 상징한다. 유대인들도 자신에게 맡겨진 영적인 부를 불충실하게 취급할 경우 결국에는 부여받은 특권을 잃어버리게 될 것이라는 말씀이다. 유대인들은 진리를 나누어 주지 않은 채 보관해 왔으며, 그렇게 함으로써 그들은 자기들만 선택받고 구원받는다는 교만과 이기적인 정신에 의해서 스스로 붕괴하여 왔다. 하나님께서 이스라엘을 택하신 것은 그들을 통해 세상을 구원하시고자 함이었지, 그들만 구원하시려는 목적이 아니었다.

바리새인들은 예수님을 거절하던 사람들이었다. 그래서 예수님은 바리새인들을 대할 때에는 더욱 조심스럽고 신중하게 다루셔야만 하셨다.

그러므로 예수님께서 바리새인들의 죄와 이기심을 지적하는 말씀을 하실 경우에는 가장 안전한 방법인 비유와 풍자를 사용하셨다. 부자와 나사로 이야기는 당시 민간에 이미 널리 퍼져 있는 이야기였고 그것을 가져와서 교훈을 주신 것이다. 하나님의 진리를 맡은 유대 지도자들이 그들에게 맡겨진 임무를 소홀히 할 때, 그들이 아무리 아브라함 자손이라고 주장할지라도 결국에는 멸망하게 될 것이라는 사실을 지적한 예수 그리스도의 경고이다.

2) 기복신앙을 책망

부자와 나사로의 비유는, 부자는 하나님께 복을 받아서 부자이며 가난한 자는 저주를 받아서 가난하게 되었다는 유대인들의 잘못된 사상을 지적하는 말씀이다. 오늘날 일부 교회들에서도 가난한 사람, 이혼한 사람, 병든 사람은 마치 하나님의 저주를 받은 것으로 가르치고 인식한다. 반면 자식 잘되고 돈 많은 사람들은 하나님께 복을 받은 것처럼 설교하고 있는 세태에 대해서도 책망하는 말씀이다.

3) 마음이 가난한 자들이 천국에 들어갈 것

이 비유에는, 영적으로 마음이 가난한 자들이 하늘에 들어가게 될 것이라는 교훈이 포함되어 있다. 외적으로는 부요해 보였으나 영적으로 가난했던 유대인들과는 대조적으로, 영적으로 굶주리고 목마른 이방인들이 유대인들의 자리를 대신 채울 것이다. "내가 진실로 너희에게 이르노니 세리들과 창기들이 너희보다 먼저 하나님의 나라에 들어가리라"(마 21:31). 예수님께서는 바리새인들에 의해서 업신여김을 받는 사람들이 하늘에 들어가게 될 것이라는 사실을 보여주셨다.

4) 살아있을 때 진리를 영접하라

부자와 나사로의 비유는, 진리를 거절하는 사람에게는 하나님의 기적도 소용이 없고, 죽은 후에는 운명을 바꿀 수도 없다는 교훈이 담겨 있다. 이 비유는 부자가 그의 형제들에게 자기와 같은 운명을 당하지 않도록 나사로를 형제들에게 보내 달라고 아브라함에게 부탁하면서 이렇게 외친다. "만일 죽은 자에게서 저희에게 가는 자가 있으면 회개하리이다"(30절). 아브라함이 대답하기를 "모세와 선지자들에게 듣지 아니하면 비록 죽은 자 가운데서 살아나는 자가 있을지라도 권함을 받지 아니하리라"(31절). 실제로 예수님께서는 죽었던 나사로를 살리심으로써 당신께 대한 유대인들의 믿음을 불러일으키고자 애쓰셨지만, 교회 지도자들은 회개하지 않고 오히려 나사로와 예수님을 더욱 죽이려 들었다. 예수님께서는 인간이 죽은 후에 즉시로 육체적인 몸을 가지고 천국이나 지옥에 간다는 사실을 설명하기 위해서 부자와 나사로의 비유를 말씀하지 않았다. 그러므로 이 비유의 의미를 이해하지 못하고 천국과 지옥의 실제 모습으로 생각하는 것은, 예수님께서 말씀하시고자 하는 의도와 초점에서 완전히 벗어나는 것이다.

부자와 거지 나사로의 비유에 나타난 교훈처럼, 우리는 우리에게 주어져 있는 구원의 복음을 다른 사람들에게 전하기 위해서 최선을 다하고 있는가? 우리는 우리 주변 사람들을 위한 순수한 사랑을 가지고 있는가? 바로 이러한 그리스도인들의 영적인 청지기 경험에 대한 귀중한 교훈을 무서운 지옥의 이야기로 만드는 것은 엄청난 오해이다. 하나님께서 우리에게 베풀어 주신 놀라운 사랑과 축복을 감사하면서, 우리에게 주어진 이 놀라운 영적인 축복을 다른 사람들에게 나누어 주는 충실한 청지기가 되자! 성경의 어느 곳에도 악인이 영원한 세대를 통해서 끊임없이 고통당할 것이라는 가르침이 없으며, 오히려 악인들은 완전히, 그리고 영원히 멸망될 것이라는 사실을 반복해서 말하고 있을 뿐이다.

제7장

지옥의 불은 꺼진다

01

지옥이 무서워 하나님을 믿습니까?

인간 사회도 잔인한 징벌은 법으로 금하고 있다. 교수형이나 총살이 잔인하다며 주로 약물로 사형을 집행하는 미국에서도 사형수의 고통이 몇십 초가 지속되면 문제를 제기하고 대안을 찾는다. 심지어 다른 많은 나라에서는 사형 제도를 폐지해 버렸다.

그런데 기독교인들은 우리 하나님께서 죄인과 악인을 심판하실 때, 사형은 꿈같은 소리이고 영원히 계속되는 고통을 준다고 믿고 있다. 그것도 하나의 고통만 주면 지루하니까 여러 고문을 경험하게 되는데, 지옥에서 뱀에게 감긴 채 영원토록 고통당하기도 하고, 모든 뼈마디가 토막 나는 고통을 당한 후에 다시 붙어서 다시 토막 나는 고통을 받기도 하며, 잘 알다시피 지글지글 타오르는 유황불 속에서 이리 타고 저리 타는 고통을 당하게 된다고 말한다. 그런데 이런 지옥의 모습은 불교나 각종 이교에서 말하는 지옥에 대한 묘사와 다름이 없다.

어떤 사람도 자신의 선택으로 태어나지 않는다. 그런데 사람이 짧은 인생을 사는 동안에 자신의 어리석은 선택과 판단으로 인해 범한 죄악 때문에 천년, 만년, 수백 만년, 수억 만년 아니 영원한 세월 동안 죽지도 못하고 펄펄 끓는 지옥의 유황불 속에서 고통받는다면, 그것을 공정한 심판이라고 말할 수 있을까? 구원받지 못한 어린아이들과 부모들이 영원토록 불구덩이 속에서 고통당하는 모습을 하나님은 만족스럽게 바라보실까? 지옥의 유황불 속에서 영원토록 고통당하고 있을 가족들과 친구들을 생각할 때 그들의 마음속에 진정한 행복과 평화가 있을 수 있을까?

"예수천당 불신지옥"의 교리 때문에, 어떤 사람들은 영원토록 고통받는 것이 두려워 교회에 다니기로 결심하기도 하지만, 그러한 사람들에게 있어서 과연 하나님은 사랑의 하나님으로 인식될 수 있을까? 반면 어떤 사람들은 "그렇게 무섭고 잔인한 하나님이라면, 나는 그러한 신을 믿지 않을 거야!" 하면서 하나님을 떠나기도 한다.

결혼을 앞둔 연인, 또는 현재 결혼 생활을 하는 부부의 예를 들어보자. 요즘 우리는 스토킹 범죄를 종종 뉴스를 통해 접한다. 어느 여인을 무척 사랑하는 한 남자가 있었다. 계속 사귀자고 요청하고, 문자 보내고, 전화하고, 따라다니지만 여인은 그 남자가 맘에 들지 않았다. 그래서 계속 피해 다녔는데 자신과 결혼해 주지 않으면 자신과 가족을 죽이겠다는 협박 때문에 무서워서 어쩔 수 없이 결혼했다. 그렇다면 이 여인의 결혼 생활은 과연 행복할까? 남자와 결혼한 이유는 딱 하나다. 죽지 않기 위해! 남들이 보기에는 한집에 산다. 서류상 부부다. 그러나 진짜 부부라고 말할 수 있을까?

오늘날 많은 기독교인도 이런 식으로 하나님을 믿고 있지는 않은가? 하나님을 믿지 않으면 인간이 상상할 수 있는 모든 방법보다도 더 끔찍한 고통을 영원히 받을 수 있으니, 하나님을 믿는다. 이런 이유로 하나님을 믿는 사람이 기쁨으로 순종할 수 있을까? 하나님을 사랑하며 살 수 있을까? 내재한 공포와 두려움 속에서 하나님을 믿고 살 뿐이다.

오히려 자비로우신 부처님은 지옥을 두되, 거기에서 영원히 고통을 당하도록 내버려두지 않으시고 인간이 어느 정도 고통을 당한 다음에는 윤회의 은혜를 베풀어 주신다. 얼마나 감사한 부처님인가? 지옥이 무서워 하나님을 믿는다면 차라리 불교로 개종하기를 권해드린다.

우리는 하나님을 바르게 알아야 한다. 성경을 바르게 알아야 한다. 그래야 전심으로 하나님을 사랑하며 하나님께 순종하는 참된 하나님의 자녀가 될 수 있다.

02

성경의 바른 이해

성경에 보면 사탄과 악인들의 형벌을 위하여 하늘에서 유황불이 내리는데 과연 그것은 영원히 불타는 것일까? 신, 구약 전체를 확인해 보면, "영원" 또는 "세세토록"이란 말이 57번이나 나오는데, 이 말이 "언제나 영원토록" 계속되는 것을 의미하지는 않는다. 성경의 말씀을 찾아서 확인해 보자.

1) 소돔과 고모라는 아직도 영원한 불로 타고 있는가?

유다서 7절에는 "영원한 불의 형벌"이라는 표현이 나온다. "소돔과 고모라와 그 이웃 도시들도 그들과 같은 행동으로 음란하며 다른 육체를 따라가다가 영원한(forever) 불의 형벌을 받음으로 거울이 되었느니라"(유 1:7)

소돔과 고모라가 불로 심판을 받은 것을 우리는 알고 있다. 그런데 그 불이 영원한 불의 형벌이라고 했다. 만일 소돔이 "영원한 불의 형벌"을 받고 있다면 지금도 불타고 있어야 한다. 하지만 우리 중 누구도 소돔과 고모라가 지금까지 타고 있다고 생각하는 사람은 없을 것이다. 영원한 불의 형벌이라고 했는데 왜 지금도 불타고 있다고 생각하지 않는가? 소돔성이 "영원한 불로" 태워졌다는 말의 의미는 베드로후서 2장에 나온다. "소돔과 고모라 성을 멸망하기로 정하여 재가 되게 하사 후세에 경건치 아니할 자들에게 본을 삼으셨으며"(벧후 2:6).

"영원한 불"의 의미는 영원토록, 세세토록 탄다는 뜻이 아니라 불로 태운 결과가 영원할 것이라는 뜻이다. 소돔과 고모라는 영원히 타고 있는 것이 아니라 타서 없어졌기 때문에 영원히 존재하지 않게 되었다. 그러므로 소돔과 고모라를 멸망시킨 것과 똑같은 종류의 불이 하늘에서 내려와 악인들을 태우게 될 것인데, 바로 그것이 영원한 불이며 그 불에 악인들은 타서 없어져 재가 된다고 성경은 말하고 있다.

2) 예루살렘 성은 현재 꺼지지 않는 불로 타고 있는가?

"내가 성문에 불을 놓아 예루살렘 궁전을 삼키게 하리니 그 불이 꺼지지 아니하리라 하셨다 할지니라"(렘 17:27). 예레미야 선지자는 이스라엘 백성들이 하나님을 배반하고 순종치 아니함으로 바벨론의 공격을 받아 예루살렘 성이 꺼지지 않을 불로 삼킴을 당할 것이라고 예언했다(대하 36:19~21). 꺼지지 않는 불이 영원히 탄다는 의미일까? 지금, 이 순간에도 예루살렘 궁전이 불에 타고 있는가? 당연히 아니다. 그것이 의미하는 바는 그 불은 아무도 끌 수 없으며, 그 불이 태우는 대상들이 완전히 재가 되어 없어질 때까지 탄다는 뜻이다. 그러므로 이 말씀의 의미는 예루살렘 성을 완전히 전소시킬 때까지 불이 탈 것이라는 뜻이다. 마찬가지로 하나님의 심판인 유황불은 아무도 끌 수 없는 불이며, 모든 것을 완전히 불태워 재로 만들어 버릴 때까지 타게 될 것이다.

3) 그 노예는 영원히 살았는가?

출애굽기 21장에 노예에 대한 규범이 나오는데, 노예가 자유로울 수 있는 기회를 마다하고 계속 주인의 집에 거하기를 원하면 *"그를 문이나 문설주 앞으로 데리고 가서 그것에다가 송곳으로 그 귀를 뚫을 것이라 그가 영원히(forever) 그 상전을 섬기리라"*(출 21:6)라고 말씀하고 있다. 노예가 영원히, 세세토록 주인을 섬길 수 있는가? 그럴 수 없다. 그렇다면 얼마나 오랫동안 주인을 섬길 수 있는가? 그가 죽을 때까지이다. 그러므로 여기서 "영원히"라는 말은 끝없이 계속되는 것을 의미하는 것이 아니라, 노예의 생명이 마쳐질 때까지 주인을 섬기라는 뜻이다.

4) 한나의 아들 사무엘은 영원히 살았는가?

"오직 한나는 올라가지 아니하고 그의 남편에게 이르되 아이를 젖 떼거든 내가 그를 데리고 가서 여호와 앞에 뵙게 하고 거기에 영원히(forever) 있게 하리이다 하니"(삼상 1:22). 한나는 그녀의 아들인 사무엘을 하나님의 전으로 데리고 가서 거기에 영원히 있게 하였다. 영원히 있게 했다는 뜻이 무엇인지, 이어지는 28절에서 "그의 평생을 여호와께 드리나이다"고 단순하게 설명하고 있다.

5) 영원한 멸망의 형벌이란 무엇인가?

"[8] 하나님을 모르는 자들과 우리 주 예수의 복음에 복종하지 않는 자들에게 형벌을 내리시리니 [9] 이런 자들은 주의 얼굴과 그의 힘의 영광을 떠나 영원한(forever) 멸망의 형벌을 받으리로다"(살후 1:8,9). 영원한 고통의 형벌이라고 했는가, 아니면 영원한 멸망의 형벌이라고 했는가? 멸망의 형벌이다. 영원토록 중단되지 않는 고통을 말하는 것이 아니다. 멸망이 무엇인가? 끝나는 것이다. 멸망되어서 그 형벌의 결과가 영원토록 유지되는 것이다. 다시 말해 악인들은 모두 멸망되어 영원토록 없어진다는 것이다.

6) "세세토록" 괴로움

지금까지 성경의 "영원토록", "영원한" 이런 표현들이 사용된 용례를 확인해 보았을 때, 다음의 말씀도 성경적으로 알 수 있게 된다. "또 그들을 미혹하는 마귀가 불과 유황 못에 던져지니 거기는 그 짐승과 거짓 선지자도 있어 세세토록(forever) 밤낮 괴로움을 받으리라"(계 20:10).

여기에 세세토록, 영원히 밤낮 괴로움을 받는다는 표현이 나온다. "세세토록"을 계속되는 영원함으로 이해하면 그럴 수 있지만, 지금까지 살펴본 바에 의하면 그 존재가 끝날 때까지의 시간임을 확인해 보았다. 따라서 악인이 죽어 사라질 때까지 유황불의 고통을 당한다는 것이다. 얼마 동안 탈지는 알 수 없다. 하지만 분명한 사실은 유황불은 꺼진다는 것이다.

이 사실을 말라기에서 잘 설명해 주고 있다. "[1] 만군의 여호와가 이르노라 보라 극렬한 풀무불 같은 날이 이르리니 교만한 자와 악을 행하는 자는 다 초개 같을 것이라 그 이르는 날이 그들을 살라 그 뿌리와 가지를 남기지 아니할 것이로되 [3] 너희 발바닥 밑에 재와 같으리라 만군의 여호와의 말이니라"(말 4:1,3).

악인을 심판하는 유황불은 분명히 있다. 하지만 지옥불은 영원히 타는 것이 아니다. 사탄과 그를 추종하던 모든 악인이 완전히 타서 재가 되어 영원히 사라질 때까지 탈 것이다. 어떤 사람들은 하나님은 사랑이시기 때문에, 어떠한 악인도 멸망시키지 않으실 것이라고 하는데 그것은 성경의 사상과 어긋나는 것이다. 죽고 싶지 않은 악인들이 바라는 헛된 소망일 뿐이다.

 물론 "영원"이란 용어의 일반적인 의미는 무한정한 시간을 뜻한다. 그러나 대상에 따라 적용이 다르다. "영원토록"이라는 표현이 의인과 악인에게 모두 사용되었는데 뚜렷한 차이점이 있다. 하나님께서는 의인들에게 영생을 선물하시겠다고 약속하셨기 때문에 의인들은 불멸의 생명을 선물로 받게 된다. 그 선물을 받으면 생명은 하나님의 생명처럼 영원한 것이 된다. 그러므로 "영원"이란 말이 의인들에게 적용되었을 경우에는 불멸의 존재로서 영원토록 생명을 누리는 것이지만, 하나님께서 악인들에게는 불멸의 생명을 주시지 않는다. 따라서 그들은 영원할 수 없으므로 악인들에게 적용되었을 경우에는 형벌의 불로 타서 없어질 때까지만 그들은 존재하며, 그들을 태워 재가 된 그 심판의 결과가 영원한 것이다. 다시는 죄와 악과 악인들을 찾아볼 수 없고 하나님께서 세상을 새롭게 하신다.

7) 하나님의 모습

> "하나님!"하고 부를 때 당신의 생각 속에
> 하나님은 어떤 모습으로 떠오르는가?
> 한 마리 작은 참새도 떨어지지 않도록 붙드시는 자상하신 분!
> 고사리 같은 손을 모으고 드리는 어린아이의
> 기도를 들으시는 다정하신 분!
> 타락한 인류를 구원하시기 위해 이 땅에 오셔서
> 참혹한 십자가의 죽임을 당하시고 우리의 죄를 용서하신 분!
> 집 나간 탕자를 기다리듯이 오랜 세월 동안
> 우리를 참으시고 무한히 기다리시는 분!
> 눈물겹도록 따뜻한 하나님의 모습이 눈앞에 떠오른다.
> 그런데 갑자기, 마치 장면이 전환되듯이
> 지옥불에서 영원히 인간들에게 고통을 주시는 분!
> 이런 모습은 사탄의 모습이지 하나님의 모습이 아니다.

어떤 사람들은 "만약 지옥이 없다면 사람이 하나님을 믿지 않을 거예요!"라고 말한다. 그 말은 곧 자기도 하나님을 믿지 않겠다는 이야기이다. 하나님은 인격체이시다. 우리가 하나님을 사랑해서 하나님을 믿고 살기를 바라실까, 아니면 무서워서 어쩔 수 없이 하나님을 믿고 살기를 바라실까? 하나님은 폭력을 행사하는 남편이 아니다. 결혼하지 않으면 죽이겠다고 협박하는 스토커가 아니다.

당신은 하나님은 사랑이시라고 말하면서, 또한 영영히 타는 지옥불에 인간들을 처넣으시는 무서운 하나님을 믿어왔는가? 하나님은 그런 분이 아니시다. "죄의 삯은 사망"이지 "죄의 삯은 영원한 고통"이 아니다. 많은 신실한 그리스도인들이 영원히 고통을 주는 지옥 문제 앞에서 하나님에 대한 사랑과 신뢰가 흔들려 왔다. '도무지 이건 아닌 것 같은데' 하면서도 교회에서 그렇게 가르치니까 믿어왔지만, 그런 믿음은 하나님께 대한 진정한 사랑의 순종을 이끌 수 없고, 하나님을 무섭고 잔인한 분으로 여기게 한다.

지옥에 대한 오해는 하나님의 사랑을 훼손시키고 하나님의 공의를 왜곡시킨다. 당신이 하나님 입장이라면, 사람들이 하나님에 대해서 그렇게 오해하는 것을 어떻게 생각 하시겠는가? 억장이 막히고 기가 막히지 않겠는가? 사랑의 하나님을 괴물로 만들어 놓은 사탄의 속임수에 하나님이 지금 모욕을 당하고 계시는 것이다.

지옥에 관한 성경의 바른 진리를 알게 된 어느 분이 이렇게 말하였다. "수십 년 동안 나는 하나님께서 영원토록 악인들을 고문하시는 분으로 생각해 왔기 때문에 하나님을 떠났습니다. 그런 하나님은 정말 믿을 수 없었습니다. 그러나 나는 다시 하나님을 믿기로 했습니다. 이제는 사랑과 공의의 하나님께 마음으로부터 우러나오는 충성을 다할 수 있게 되었습니다."

이 고백이 당신의 고백이 되기를 바란다. 하나님은 사랑이시고, 공평하시고, 공의로우신 분이시다. 성경은 사탄과 악인을 태워 재로 만들 것이라고 말씀한다. 지옥은 있다. 불 못은 있다. 그러나 영영히 불타는 지옥은 없다. 이런 지옥을 만들지 않으신 사랑의 하나님을 신뢰하자!

"나는 자신의 창조물을
심판하겠다는 신을 상상할 수 없습니다."

– 알베르트 아인슈타인 –

"지옥을 만들어 내는 존재를 생각해 보라.
인류의 대다수가 끔찍스러운 영원한 형벌을 받도록
되어 있다는 것을 미리 분명히 알면서도, 그렇게 할
의도를 가지고서 인류를 창조한 존재를 생각해 보라.
도덕적 선악을 조금이라도 느낄 줄 아는 사람이라면
이런 생각만큼 혐오스러운 것이 없다."

– 존 스튜어트 밀 –

제8장

지옥의 시작과 끝

지옥은 언제, 어디서, 어떻게 시작되고 끝나는가?

지옥은 어디에 있을까? 우주 저편 어디쯤 있는 불구덩이일까? 아니면 지구 땅속에서 타는 유황불의 바다일까? 많은 사람은 저마다 다르게 지옥에 대하여 상상한다. 그러나 우리는 지옥에 대하여 그렇게 막연하게 상상할 필요가 없다. 왜냐하면 성경은 지옥의 위치와 악인들이 언제 어디서 그리고 어떻게 지옥불에 던져지는가에 대해서 정확하게 설명해 주고 있기 때문이다.

01

지옥의 위치와 시기

1. 사도 요한이 말하는 지옥의 위치와 시기

성경의 저자 중에서 사도 요한처럼 지옥(유황불)이 어디서, 어떻게 시작되는지를 분명하게 기록한 사람은 없다.

"[7] 천 년이 차매 사탄이 그 옥에서 놓여 [8] 나와서 땅의 사방 백성 곧 곡과 마곡을 미혹하고 모아 싸움을 붙이니 그 수가 바다의 모래 같으리라 [9] 그들이 지면에 널리 퍼져 성도들의 진과 사랑하시는 성을 두르매 하늘에서 불이 내려와 그들을 태워버리고"(계 20:7~9).

지금 이 모습은 마지막 최후 심판 장면인데, 사탄과 악한 자들이 지옥의 불구덩이에 빠지는 것이 아니라 하늘에서 유황불이 내려와서 태운다고 한다. 천년이 지난 후에 하늘에서 불이 내려온다. 그 장소는 어디인가? 지면에! 땅 위에! 지구에! 그러나 많은 사람이 지구의 어딘가 영원히 꺼지지 않는 불구덩이에서 타고 있는 줄 생각하는데 성경은 그렇게 말씀하지 않는다.

2. 베드로가 말하는 지옥의 위치와 시기

"이제 하늘과 땅은 그 동일한 말씀으로 불사르기 위하여 간수하신 바 되어 경건치 아니한 사람들의 심판과 멸망의 날까지 보존하여 두신 것이니라"(벧후 3:7).

베드로는 모든 것을 불사르게 될 하나님의 심판이 이 지구에서 펼쳐질 것이라고 묘사하였다. 그런데 지금 불태워지고 있다고 했는가, 아니면 나중에 그렇게 될 것이라고 했는가? 사도 요한과 동일하게 훗날 불심판을 받을 때까지 보존되어 있다고 했다.

3. 이사야가 말하는 지옥의 위치

"[8] 이것은 여호와의 보수할 날이요 시온의 송사를 위하여 신원하실 해라 [9] 에돔의 시내들은 변하여 역청이 되고 그 티끌은 유황이 되고 그 땅은 불붙는 역청이 되며"(사 34:8,9).

이사야 선지자도 악인들에 대한 형벌이 이 땅 위에서 있을 것이라고 말하였다. 그러므로 지금이 아니라 최후 심판의 날에 유황불의 화염 속에 휩싸이는 지구가 지옥이 될 것이라고 한다. 이것이 성경이 말하는 지옥에 대한 확실한 진리이며 지옥의 위치와 시기가 분명하다.

이렇게 성경 말씀을 보면 유황불은 어느 한 시점, 한순간에 내리는 심판의 불이지 지금 어디에선가 지글지글 타고 있는 불구덩이가 아님을 알 수 있다. 다시 말해 사람이 죽어서 지옥으로 직행하여 고통을 당하는 것이 아니라, 하나님의 최후 심판의 날까지는 아무 일도 일어나지 않는다.

예수님은 이 사실에 대하여 알곡과 가라지의 비유에서 분명하게 말씀해 주신다. 집주인이 밭에 좋은 씨를 심었는데 얼마 후에 그의 종이 와서 밭에 가라지가 있다고 하면서, "가라지가 아직 어릴 때 뽑아 버릴까요?"라고 주인에게 물었다. 예수님께서 대답하시기를, "[29] 가만두어라 가라지를 뽑다가 곡식까지 뽑을까 염려하노라 [30] 둘 다 추수 때까지 함께 자라게 두어라 추수 때에 내가 추수꾼들에게 말하기를 가라지는 먼저 거두어 불사르게 단으로 묶고 곡식은 모아 내 곳간에 넣으라 하리라"(마 13:29,30).

이렇게 비유를 말씀하신 후에, 그 의미를 자세히 설명해 주셨다. "[37] 좋은 씨를 뿌리는 이는 인자요 [38] 밭은 세상이요 좋은 씨는 천국의 아들들이요 가라지는 악한 자의 아들들이요 [39] 가라지를 심은 원수는 마귀요 추수 때는 세상 끝이요 추수꾼은 천사들이니 [40] 그런즉 가라지를 거두어 불에 사르는 것 같이 세상 끝에도 그러하리라"(마 13:37~40).

누구도 이 말씀을 오해할 필요가 없다. 이것은 너무나 분명한 이야기이기 때문에 어린아이라도 그 의미를 분명하게 이해할 수 있다. 예수님께서는 가라지는 악한 사람들을 표상하는데, 그 악인들은 "세상 끝에" 불에 던져질 것이라고 설명하셨다. 또한 알곡과 가라지가 구분되는 것은 추수 때인데, 예수님께서 "추수 때는 세상 끝"이라고 분명하게 설명해 주셨다. 그러므로 의인은 천국 가고 악인은 불의 심판을 받는 때는 언제인가? 죽는 즉시 가는 것이 아니라 "세상 끝"이라는 사실을 알 수 있다.

더 분명한 말씀을 이렇게 하셨다. "[28] 이를 기이히 여기지 말라 무덤 속에 있는 자가 다 그의 음성을 들을 때가 오나니 [29] 선한 일을 행한 자는 생명의 부활로, 악한 일을 행한 자는 심판의 부활로 나오리라"(요 5:28,29). 의인과 악인이 부활하는데, 그들이 어디에 있다가 부활하는가? 천국이나 지옥에 있다가 부활하는 것이 아니라 무덤 속에 있다가 부활한다고 하셨다. 이 얼마나 확실한 진리인가? 이러한 사상은 성경 전체에서 제시되고 있다. "인자가 아버지의 영광으로 그 천사들과 함께 오리니 그때에 각 사람의 행한 대로 갚으리라"(마 16:27). 지금 천국이나 지옥에 가는 것이 아니라 예수님의 재림 이후에 있는 일이다. "의인들의 부활 시에 네가 갚음을 받겠음이니라 하시더라"(눅 14:14). "보라 내가 속히 오리니 내가 줄 상이 내게 있어 각 사람에게 그의 일한대로 갚아주리라"(계 22:12). 설명할 여지가 없는 명백한 말씀들이다.

  악인들은 어떻게 되는가? "악인이 멸망의 날까지 보존되는 것을 알지 못하느냐 그들은 진노의 날에 불려 나가게 되리라"(KJV, 욥 21:30). 세상 끝에 가라지를 불태운다는 예수님의 말씀과 일치하는 내용이다. 의인들이 죽자마자 천국에 가는 것이 아닌 것처럼, 악인들도 죽는 순간에 지옥불에 떨어지는 것이 아니라, "멸망의 날까지" 무덤 속에서 보존된다.

02

지옥은 어떻게 시작되는가?

지금까지 지옥의 위치는 어디이며, 악인은 죽는 순간 형벌을 받아 지옥에 떨어지는 것이 아니고 후에 있을 심판 날까지 죽은 채로 무덤에 그냥 남아 있다는 것을 배웠다. 그렇다면 지옥은 어떻게 생겨나며, 악인의 형벌은 어떻게 되는 것일까?

성경에서 세상 끝은 예수님 재림의 때를 말한다. 예수님께서 재림하실 때 지구는 참혹한 폐허가 되는데, 이때 세 부류의 사람이 있다.

① 모든 의인은 공중으로 이끌려서 그리스도와 함께 하늘로 승천

② 무덤 속에 있던 악인들은 의인들의 부활에 참여하지 못하고 그대로 무덤 속에 있음

③ 재림의 광경을 지켜보는 살아 있는 악인들은 그리스도의 영광스러운 광채에 모두 죽임을 당함

그리하여 예수님께서 의인들을 데리고 하늘로 승천하여 올라가신 후에는 죽은 악인들의 시체만 지상에 남게 되는데, 이러한 황폐한 지구의 모습을 요한계시록은 새들이 시체들을 뜯어먹는 것으로 묘사하였다(계 19:17,18). 아직 악인들은 유황불로 심판당하지 않았다. 그렇다면 그다음 무슨 일이 벌어지는가?

03

재림과 함께 시작되는 천년왕국

　이렇게 요한계시록 19장에서 재림과 함께 악인들의 시체가 지구 위에 널려 있는 모습을 묘사하고 있다. 이어 요한계시록 20장에는 천년왕국에 대한 언급이 나온다. 지옥이 생겨나는 시기를 알려면 반드시 천년왕국에 대하여 알아야 한다.

　"천년"이라는 표현은 성경 전체를 통하여 요한계시록 20장에만 6번 언급되고 있다. 그러므로 천년왕국에 관해서 공부할 때는 이 성경 구절들의 앞뒤 문맥에서 그 의미를 찾는 것이 가장 안전한 해석 방법이다. 요한계시록 19장 후반에는 예수님께서 재림하시는 장면과(11~16절), 재림 시에 악인들이 멸망하는 장면이 나오며(17,18절), 계속해서 이어지는 20장 초반에는 천년왕국이 처음으로 등장한다. 그러므로 요한계시록 20장에는 예수 그리스도의 재림의 때부터 천년이 지난 후에 악인들이 부활하여 유황불로 심판받게 되는 전 과정이 순서에 따라 자세하게 그려져 있다.

1. 천년왕국이 언제 시작되는가?

"[1] 또 내가 보매 천사가 하늘로부터 내려와서 [2] 용을 잡으니 곧 옛 뱀이요 마귀요 사탄이라 잡아서 천 년 동안 결박하여 [3] 무저갱에 던져 넣어 잠그고 그 위에 인봉하여 천 년이 차도록 다시는 만국을 미혹하지 못하게 하였는데 그 후에는 반드시 잠깐 놓이리라"(계 20:1~3).

예수님께서 재림하실 때 죽었던 의인들이 부활하여 하늘로 승천한다. 그와 동시에, "한 천사가 하늘에서 내려"오는데, 어디로 내려오는가? 지구로 내려온다는 것을 문맥에서 알 수 있다. 하늘에서 내려온 천사가 사탄이 천 년 동안 지구를 벗어나지 못하도록 결박함으로써, 하늘에는 천년왕국이, 이 땅에서는 천년감옥이 시작된다.

2. 의인들의 천년왕국은 어디서 실현되는가?

"[4] 또 내가 보좌들을 보니 거기에 앉은 자들이 있어 심판하는 권세를 받았더라 또 내가 보니 예수를 증언함과 하나님의 말씀 때문에 목 베임을 당한 자들의 영혼들과 또 짐승과 그의 우상에게 경배하지 아니하고 그들의 이마와 손에 그의 표를 받지 아니한 자들이 살아서 그리스도와 더불어 천 년 동안 왕 노릇 하니 [5] (그 나머지 죽은 자들은 그 천 년이 차기까지 살지 못하더라) 이는 첫째 부활이라 [6] 이 첫째 부활에 참여하는 자들은 복이 있고 거룩하도다 둘째 사망이 그들을 다스리는 권세가 없고 도리어 그들이 하나님과 그리스도의 제사장이 되어 천 년 동안 그리스도와 더불어 왕 노릇 하리라"(계 20:4~6).

천년왕국과 천년감옥은 동시에 시작해서 동시에 끝나는 천년의 기간이다. 예수님께서 재림하실 때 의인들은 승천하여 하늘에서 그리스도와 함께 천년을 살면서 통치하게 될 것이다. 사도 요한은 예수님의 재림 때 있는 의인들의 부활을 첫째 부활이라고 했다. 첫째 부활이 있다는 것은 둘째 부활이 있다는 암시이다. 둘째 부활은 천년의 기간이 끝난 다음 악인들이 유황불의 심판을 받기 위하여 부활하는 것을 말한다.

여기에 또 둘째 사망이라는 것이 나온다. 둘째 사망이 있다면 첫째 사망도 있다는 의미이다.

첫째 사망과 둘째 사망! 이 암호와 같은 단어는 무슨 의미일까?

> **첫째 사망은,** 세상에 태어났던 사람들은 누구나 한번 죽는다. 이 죽음을 피해 갈 수 있는 사람은 없다. 생물학적 죽음이다.
>
> **둘째 사망은,** 천년이 지난 이후 부활한 악인들이 유황불의 형벌을 받아 영원한 사망에 이르는 것을 말한다.

3. 악인들은 천년을 어디서 보내는가?

"그 나머지 죽은 자들은 그 천 년이 차기까지 살지 못하더라"(계 20:5). 예수님의 재림 때, 의인들은 부활하여 하늘로 승천하고, 이미 죽어있던 악인들은 그대로 무덤 속에 있고, 살아있던 악인들은 그리스도의 영광의 광채로 죽임을 당하여 천 년이 지난 후에 부활하게 된다. 사탄은 지구에서 천 년 동안 결박당하고, 악인들의 시체가 천 년 동안 지구에서 뒹구는 동안, 하늘로 승천한 의인들은 그리스도와 함께 하늘에서 천 년 동안 왕 노릇하게 된다.

4. 왜 악인들을 부활시키는가?

그런데 굳이 악인들을 부활시켜야 하는가? 라는 질문이 생길 수 있다. 그냥 악인들이 죽는 즉시 형벌의 불로 심판하지 않으시고, 왜 최후 심판의 날까지 무덤 속에 지키셨다가 부활시킬까?

왜냐하면 하나님은 사랑과 공의의 하나님이시기 때문에 그렇다. 하나님이시라고 마음대로 심판하지 않으신다. 하나님의 심판과 그 결정을 모든 우주가 지켜보고 있기 때문에, 하나님은 공의로우셔야 하며 또한 그 공의에 사랑이 덧입혀져야 한다. 그래야 모든 피조세계와 우주 만물이 하나님을 참으로 사랑하며 경배할 수 있기 때문이다.

악인들을 영원한 형벌의 불로 심판하시기 전에 무슨 일을 하시는가? "[11] 또 내가 크고 흰 보좌와 그 위에 앉으신 자를 보니 땅과 하늘이 그 앞에서 피하여 간데없더라 [12] 또 내가 보니 죽은 자들이 무론 대소하고 그 보좌 앞에 섰는데 책들이 펴 있고 또 다른 책이 펴졌으니 곧 생명책이라 죽은 자들이 자기 행위를 따라 책들에 기록된 대로 심판을 받으니 [13] 바다가 그 가운데서 죽은 자들을 내어주고 또 사망과 음부도 그 가운데서 죽은 자들을 내어주매 각 사람이 자기의 행위대로 심판을 받고 [14] 사망과 음부도 불 못에 던지우니 이것은 둘째 사망 곧 불못이라"(계 20:11~14). 그들을 구원하기 위해 하나님이 어떤 일을 하셨으며, 그들이 왜 구원받지 못했는지를, 온 우주에 드러내시므로 모든 의혹을 말끔히 씻으신다. 심판은 하나님을 위한 것이 아니다. 전지전능하신 하나님께서는 각 사람의 모든 인생을 아신다. 하나님이 몰라서 책을 펴고 확인하시며 심판하시는 것이 아니다. 하나님 자신을 위해서는 심판이 필요 없다. 그러나 모든 의인과 악인, 하늘에 있는 모든 천사, 우주 세계에 있는 모든 피조물, 심지어는 사탄까지도 하나님의 심판이 완전히 공의롭다는 사실을 인정해야 하므로 공정하고 공개된 심판은 꼭 필요한 것이다.

5. 지옥은 어떻게 끝나는가?

영원한 고통을 당하는 것이 아니라 지옥에도 끝나는 때가 있다. 사도 요한은 요한계시록 20장 초반부에서 "무저갱에 던져 넣어 잠그고 그 위에 인봉하여 천 년이 차도록 다시는 만국을 미혹하지 못하게 하였는데 그 후에는 반드시 잠깐 놓이리라"(계 20:3)고 말함으로써, 천 년이 지난 다음에 사탄이 풀려나면서 생기는 극적인 사건을 이렇게 설명하였다. "[7] 천 년이 차매 사탄이 그 옥에서 놓여 [8] 나와서 땅의 사방 백성 곧 곡과 마곡을 미혹하고 모아 싸움을 붙이리니 그 수가 바다의 모래 같으리라

[9] 그들이 지면에 널리 퍼져 성도들의 진과 사랑하시는 성을 두르매 하늘에서 불이 내려와 그들을 태워버리고"(계 20:7~9).

천년이 지난 후 사탄이 다시 풀려나는데, 바로 이때 모든 악인이 무덤에서 부활하여 나온다. 사탄은 부활한 악인들과 함께 하늘로부터 내려온 새 예루살렘 성을 포위하여 최후의 반격을 가한다. 사탄과 모든 악인이 하늘에서 내려온 새 예루살렘 성을 공격하려고 할 때 드디어 하늘에서 불이 내려와 그들을 태워버리게 되는데, 바로 이것이 부활한 악인들에게 죄의 대가로서 주어지는 최후의 유황불 형벌이며 이것이 지옥의 시작임과 동시에, 그들을 태워 소멸시킨다. 멸망시킨다. 지옥의 끝이다.

이제 지옥에 관한 문제들에 대해서 성경적인 답을 할 수 있게 되었다. 우리는 지옥은 언제, 어디서, 어떻게 시작되고 끝나는지 배웠다. 지옥은 예수님의 재림 사건으로부터 천년이 지나간 후에 지구에서 생기게 된다. 사탄과 악인들이 하늘에서 내려온 새 예루살렘 성을 공격하려고 할 때에 하늘로부터 유황불이 떨어짐으로써 지상은 불구덩이로 변하는데 이것이 지옥이다.

6. 지옥 후에 오는 세상은 어떤 것인가?

그렇다면 유황불이 휩쓸고 간 후에 이 지구는 어떻게 되는가?

유황불이 내려와 사탄과 그의 악한 천사들 그리고 모든 악인이 타서 소멸한 후, 하나님께서는 이 땅을 새롭게 다시 창조하신다. 그리하여 이 지구는 태초에 하나님께서 계획하신 상태로 회복된다. 모든 죄의 결과가 영원히 추방될 것이며, 죄도 없고 죄인들도 없고, 유혹하는 사탄과 악도 없게 된다. "[1] 또 내가 새 하늘과 새 땅을 보니 처음 하늘과 처음 땅이 없어졌고 바다도 다시 있지 않더라 [4] 모든 눈물을 그 눈에서 씻기시매 다시 사망이 없고 애통하는 것이나 곡하는 것이나 아픈 것이 다시 있지 아니하리니 처음 것들이 다 지나갔음이러라"(계 21:1,4). 재창조함을 받은 이 땅에는 더 이상 눈물이나 고통이 없다고 말씀하셨다. 어떤 사람들이 말하는 것처럼 악인들이 우주의 어딘가에 있는 지옥에서 영원토록 고통당하게 되는 일은 없다.

당신은 하나님의 말씀을 믿겠는가? 아니면 인간의 추측을 따르겠는가? 성경이 말하는 대로 이 우주 가운데에 더 이상의 고통이나 눈물이 존재하지 않기 위해서는, 영원한 지옥도 존재하지 말아야 한다. 다시는 죄의 고통이 없는 새 세상! 죄와 악을 찾아보려야 찾을 수 없는 새로운 세상이 온 것이다. 우주 어딘가에 지글지글 타고 있는 지옥은 우리 하나님을 끔찍한 괴물로 만드는 교리이다. 우리는 온 세상의 고통을 종결지으시는 하나님께 감사와 찬송을 드려야 한다.

04

마지막 날 사건들의 순서

마지막 시대: 현재 – 예수님의 재림

1) 짐승의 표가 강요됨(계 13:16,17; 14:9~11).

2) 짐승의 표 환난이 끝나면 7재앙이 시작(계 16장).

예수님 재림과 첫째 부활

3) 그리스도께서 영광 중에 공개적으로 재림하심(마 24:30).

4) 죽었던 의인들이 부활하며, 살아있는 성도가 홀연히 변화되어 하늘로 승천함(살전 4:16,17; 고전 15:51~54; 요 14:2,3).

5) 첫째 부활: 죽었던 모든 의인이 부활(계 20:6).

6) 그리스도의 재림의 영광으로 악인들은 죽임을 당함(살후 1:7~10; 계 14:19,20; 눅 17:34~37).

7) 땅은 황폐하게 됨(계 14:19,20; 계 16장; 단 2:35).

천년왕국, 천년감옥

8) 모든 구원받은 성도들은 하늘에서 천 년 동안 그리스도와 함께 왕 노릇 함(계 20:6).
9) 악인들의 시체가 황폐한 지상에 남아있음(계 19:18).
10) 사탄과 악한 천사들이 황폐된 지구에 갇힘(계 20:1~3).

마지막 심판과 둘째 부활

11) 천 년 동안 그리스도와 함께 왕 노릇하였던 성도들이 새 예루살렘 성과 함께 이 땅으로 내려옴(계 21:2).
12) 둘째 부활: 죽었던 모든 악인이 부활(계 20:5,8).
13) 사탄의 속박이 풀리고 부활한 악인들을 충동하여 하늘에서 내려오는 새 예루살렘 성을 공격하려고 함(계 20:3,7~9).
14) 사탄과 악한 천사들과 악인들이 하늘에서 내리는 유황불에 태워짐(눅 13:28; 계 20:9~15; 벧후 3:7; 사 34:8~10).
15) 둘째 사망: 영원히 소멸함(계 20:9,14; 21:8, 말 4:1).

새롭게 창조된 지구: 새 하늘과 새 땅

16) 지구가 불로 정결하게 된 후에 "새 하늘과 새 땅"이 다시 창조됨(계 21:1).
17) 다시는 죄의 저주가 없음(계 22:3; 21:3~5).
18) 의인이 땅을 차지하여 영원히 거함(계 21:3; 마 5:5).

지구에서 치러진 길고 긴 선과 악의 전쟁은 하나님의 공의로우신 심판으로 종결짓게 된다. 하나님을 고통스럽게 만들고 우리 모두를 슬프게 만든 죄의 원흉인 사탄은 불에 타서 죽임을 당하게 되고, 하나님의 명예와 의로우심이 영원토록 변호 받게 된다. 드디어 전쟁이 끝났다. 죄와 죄인들은 없어졌다. 온 우주는 깨끗해졌다. 이제 새로운 생명과 빛과 환희가 끝없이 넓은 우주로 퍼져 나간다. 모든 우주는 완전한 기쁨으로 하나님은 사랑이시라고 고백하며 찬양한다. 우리 모두 하나님을 찬양하는 그 자리에 함께 있기를 간절히 바란다.

제9장

"지옥"으로 잘못 번역된 4가지 원어

잘못된 기독교 신학에 의해서, 하나님은 히틀러보다도 잔인한 분으로 받아들여지게 되었다. 아무리 히틀러가 사람들을 고문하고 생체 실험을 하는 잔인성을 보였다고 하지만, 결국에 사람들은 가스실에서 죽거나 화장터에서 태워져 재가 되었다. 그런데 많은 교회에서는, 하나님께서 악인들이 영원토록 신음하고 고통스러운 비명을 지르는 것을 보시려고 그들을 살아 있게 하신다고 주장한다. 마치 로마의 원형경기장에서 짐승의 밥이 되어 죽어가는 사람들을 보며 환호하고 즐거워했던 사람들처럼, 하나님도 인간이 상상할 수 있는 것 이상의 최악의 고문 틀을 만들어 놓고 죽지도 못하게 영원히 괴롭히는 하나님으로 만들어 놓았다.

지옥은 있다. 그러나 지옥이란 무엇이며, 어디에 있고, 언제 있을 것이며, 얼마나 오래 있을 것인가에 대한 분명한 진리를 알아야 한다. 성경이 말하는 지옥에 관한 진리를 올바로 이해하지 못하면, 우리는 하나님께 대한 사랑과 감사함 때문에 그분의 말씀에 순종하는 것이 아니라, 지옥불의 영원한 고통을 피하고자 어쩔 수 없이 억지로 복종하는 종교인이 될 수 있다.

성경에서 가장 혼동되고 있는 문제 가운데 하나가 바로 지옥에 관한 문제이다. 이 문제는 오랜 세월에 걸쳐 교회 안에서 변질되어 왔으며, 각종 토속 신앙과 불교나 이교에서 말하는 지옥 또는 내세의 의미가 기독교 안에 깊숙이 들어옴으로써, 성경이 말하고 있는 지옥의 참된 의미가 크게 왜곡되고 손상되었다. 지옥이라는 말로 잘못 번역된 4가지 원어를 살펴봄으로써 성경이 말하고 있는 지옥에 대해 참된 대답을 찾아보도록 하자.

01

구약성경에서 "음부"로 번역된 "שְׁאוֹל"(스올)

첫 번째는, 구약성경에 65번 나오는 "שְׁאוֹל"(스올)이라는 히브리어는 "보이지 않는 세계"(the unseen world)를 뜻하는 말인데, 한글 성경에는 주로 "음부"라는 말로 번역되어서, "저승"이라는 인상을 주기 때문에 마치 죽은 사람의 영혼이 가는 곳처럼 느껴진다. 1611년에 번역된 KJV 성경을 보면 번역하는 사람의 주관에 따라서 31번은 무덤으로, 31번은 지옥으로, 3번은 구덩이로 번역되어 있기 때문에 읽는 사람에게 혼란을 주고 있다.

그러나 20세기에 들어와서 새로운 연구를 거치는 동안, "지옥"으로 번역된 "스올"이 문맥과 전체적인 의미에 맞지 않다는 사실이 밝혀지게 되자, "지옥" 대신에 "무덤"으로 번역함으로써 잘못된 번역을 수정하였다. "음부"로 번역된 "스올"이란 말은 "무덤"이란 뜻으로 이해해야만 된다. "스올"을 지옥이라는 뜻으로 해석한다면, 성경에 나오는 의인들이 죽어서 지옥에 내려갔다는 엉뚱한 결론이 생기기 때문이다.

① 신실하게 산 야곱도 자신이 죽으면 갈 곳이 스올(שְׁאוֹל)이라고 하였다: 창 37:35; 42:38.
② 의로운 욥도 죽으면 스올(שְׁאוֹל)로 내려간다고 하였다: 욥 14:13; 17:13~16.
③ 다윗도 죽으면 갈 곳이 스올(שְׁאוֹל)이라고 하였다: 시 18:4,5; 30:3.

따라서 스올은 지옥이 아니라 무덤을 말한다.

02

신약성경에서 지옥이라는 말로 번역된 헬라어 3가지

신약성경에는 지옥(hell)으로 번역된 말이 모두 23번 나오는데, 그 가운데 10번은 "ᾅδης"(하데스), 12번은 "γέεννα"(게헨나) 그리고 나머지 1번은 "ταρταρώσας"(타르타루스)라는 세 단어가 지옥으로 번역되었다.

1) 음부, "ᾅδης"(하데스)

"ᾅδης"(하데스)는 구약성경의 "שְׁאוֹל"(스올)에 해당하는 말이다. 소아시아의 무덤에 있는 묘비를 보면, 지금도 묘비 위에 기록된 "OO의 무덤"이라는 글에서 "하데스"라는 단어가 "무덤"이라는 뜻으로 사용되었음을 확인할 수 있다. 신약성경에서 종종 "지옥"이라고 번역된 "하데스"는 죽은 악인들의 영혼이 불타는 지옥이 아니라, 죽으면 우리가 모두 가게 되는 "무덤"이나 "죽음" 자체를 뜻한다는 사실을 성경의 본문만 주의 깊게 읽어보아도 알 수 있다. KJV은 하데스를 지옥으로 번역했는데, 20세기에 번역된 성경들은 "하데스"를 "무덤" 또는 원어 그대로 "하데스"로 표현함으로써, "하데스"를 "지옥"으로 번역할 때 생기는 문맥상, 신학상의 혼란을 피하고 있다.

2) 지옥, "$ταρταρώσας$"(타르타루스)

지옥을 가리키는 것으로 오해되고 있는 또 다른 헬라어인 "타르타루스"의 원래 의미는 무엇일까? "하나님이 범죄한 천사들을 용서하지 아니하시고 지옥($ταρταρώσας$)에 던져 어두운 구덩이에 두어 심판 때까지 지키게 하셨으며"(벧후 2:4).

지금 범죄한 천사들이 지옥에 있는가? 아니다. 만약 지옥에 있다면 현재 이 지구상에서 인류를 미혹하는 사탄과 그의 악한 천사들은 누구인가? 지옥에 간 천사와 지구에 있는 천사가 따로 있다는 말인가? 이 말씀대로라면 전부 지옥에 가 있어야 하고, 이 땅에 악의 세력은 없어야 한다. 또 일반적으로 지옥하면 불타는 지옥인데, 여기는 어두운 구덩이라고 했다.

벧후 2:4절의 지옥이 어딘지는 요한계시록에 대답이 나와 있다. 요한계시록 12장에 보면 사탄과 악한 천사들이 하늘에서 범죄하여 지구로 쫓겨난 사실을 이렇게 기록하였다. "[7] 하늘에 전쟁이 있으니 미가엘과 그의 사자들이 용으로 더불어 싸울

새 용과 그의 사자들도 싸우나 [8] 이기지 못하여 다시 하늘에서 저희의 있을 곳을 얻지 못한지라 [9] 큰 용이 내어 쫓기니 옛 뱀 곧 마귀라고도 하고 사탄이라고도 하는 온 천하를 꾀는 자라 땅(지구)으로 내어 쫓기니 그의 사자들도 저와 함께 내어 쫓기니라"(계 12:7~9).

그러므로 하나님께 범죄한 사탄과 악한 천사들이 던져져서 심판의 날까지 어두운 구덩이에 가두어진 곳은 어디를 말하는 것인가? 바로 지구를 의미한다는 사실을 알 수 있다. 그리고 그들을 던져서 심판 때까지 둔다고 하셨다. 그들은 아직 심판받지 않았다.

3) 지옥, "γέεννα"(게헨나)

신약성경에서 게헨나는 모두 12번 "지옥"이란 말로 번역됨으로써, 가장 많은 횟수를 차지하고 있다. 지옥을 주장하는 대표적인 말씀은 다음과 같다. "한 눈으로 하나님의 나라에 들어가는 것이 두 눈을 가지고 지옥(γέεννα)에 던지우는 것보다 나으리라 거기는 구더기도 죽지 않고 불도 꺼지지 아니하느니라"(막 9:48).

그런데 여기 지옥이라고 번역된 게헨나는 지옥이 아니라 당시의 지명이었다.

① 힌놈의 골짜기

"γέεννα"(게헨나)는 실제적인 지옥이 아니라, 히브리어로 골짜기를 뜻하는 "גַיְא"(게)와 인명인 "הִנֹּם"(힌놈)이 합성되어 생긴 "힌놈의 골짜기"란 뜻의 지명인데, 게헨나 즉 힌놈의 골짜기는 예루살렘 남쪽 비탈 아래의 계곡을 가리키는 지명이다. 이스라엘 사람들에게 있어서 "힌놈의 골짜기"는 저주와 살육을 의미하는 장소였다. 구약시대에는 그곳에서 자식들을 몰렉에게 불살라 제사하였다. "아하스가 … 이스라엘 열왕의 길로 행하여 힌놈의 아들 골짜기에서 바알들의 우상을 부어 만들고 … 그 자녀를 불사르고"(대하 28:1~3). 예레미야 선지자는 이 골짜기가 장차 살육의 골짜기로 불리게 될 것을 예언하면서 다음과 같이 말하였다. "힌놈의 아들의 골짜기에 도벳 사당을 건축하고 그 자녀를 불에 살랐나니 … 살육의 골짜기라 칭하리니 … 이 백성의 시체가 공중의 새와 땅 짐승의 밥이 될 것이나 그것을 쫓을 자가 없을 것이라"(렘 7:31~33).

이러한 역사적인 배경 때문에 게헨나 곧, 힌놈의 골짜기라고 불렸던 이곳은 유대인들에게 있어서 장차 메시아를 거절하는 악인들이 최후의 형벌을 받게 될 장소로 상징되었다. 실제 예루살렘에 사는 사람들은 그곳을 일종의 쓰레기 처리장으로 사용하였다. 그 골짜기에는 항상 처형당한 죄인의 시체와 죽은 동물의 사체와 쓰레기들이 타고 있었기 때문에 뿌연 연기가 계속해서 올라가고 있었다. 그런 환경이었기 때문에 구더기와 쥐들이 계속해서 각종 동물의 사체들을 뜯어먹었다. 바로 이러한 역사적, 지리적 배경을 아신 예수님께서는 악인들이 최후의 심판 날에 "게헨나" 즉 "힌놈의 골짜기"에 던져질 것이라고 경고하신 것이다.

② 구더기도 죽지 않음

만일 지옥이라고 번역된 "게헨나"가 유황불이 영원히 불타고 있는 진짜 지옥이라면, 어떻게 구더기는 그곳에서 죽지 않고 영원토록 살 수 있겠는가? 인간들을 고통스럽게 하고 파먹기 위해 불 속에서도 영원히 죽지 않는 영생하는 구더기와 쥐들을 만들어 놓으셨다면 어떻게 사랑의 하나님으로 불릴 수 있단 말인가!

따라서 예수님께서는 벌레들이 우글거리고, 쓰레기와 죽은 시체를 태우는 불길이 밤낮 타오르던 게헨나(힌놈의 골짜기)를 가리키시면서, 마지막 심판 날에 악인들을 태울 불을 상기시킨 것이다. "게헨나"가 지옥이란 단어로 번역되어 혼란을 주지만, 사람이 죽은 뒤 몸을 떠난 혼백이 영원토록 불 가운데서 고통받는 곳을 뜻한 경우는 단 한 번도 없다. 그 대신 장차 있을 심판의 때에 육신이 유황불에 소멸하는 곳, 즉 이 지구가 불 못이 되어 죄와 죄인을 소멸할 것이다.

지옥으로 번역된 4가지 원어들을 정리해 보면 다음과 같다.

① 구약에서 지옥을 연상케 하는 음부라고 번역된 "שְׁאוֹל"(스올)은 무덤을 의미
② 신약에서 음부라고 번역된 "ᾅδης"(하데스)도 무덤을 의미
③ 지옥이라고 번역된 "ταρταρώσας"(타르타루스)는 지구를 의미
④ 지옥이라고 번역된 "γέεννα"(게헨나)는 힌놈의 골짜기를 의미

이렇게 4개의 단어 모두 우리가 상상하는 그런 지옥을 가리키지 않는다는 사실이 원어적인 의미에서도 확인이 된다. 지옥은 성경의 단어가 아니라 번역자들의 오해에서 나온 결과물이다. 그런데 왜 이렇게 잘못된 번역을 하게 되었을까? 이토록 비성경적인 영원지옥설의 근원은 어디인가? 중세 로마 카톨릭교회의 기초를 놓은 2세기 말의 라틴 교부 터툴리안, 3세기 초의 키프리안, 4세기 말의 어거스틴 등은 모두 북아프리카 출신의 교부들로 알렉산드리아를 중심으로 한 이집트와 헬라의 영혼 불멸 사상에 깊이 젖어 있었다.

교회에 영원한 형벌, 영원지옥설을 소개한 것은 터툴리안으로

자신의 가르침이 헬라의 철학자 플라톤의 영혼 불멸 사상에 근거했음을 밝히고 있다. 이러한 터툴리안의 가르침은 어거스틴에 의하여 신학적 체계를 갖추었으며, 중세 로마 카톨릭교회로 하여금 영원지옥과 연옥에 관한 신앙을 굳히는 기초를 놓았다. 이러한 터툴리안과 어거스틴의 사상은 다른 모든 종교개혁자에 의해 배척되었지만, 안타깝게도 칼빈에 의해 개신교에 뿌리내리게 되었다.

03

하나님을 바로 알자

　내가 원해서 태어난 것도 아니고 짧은 인생을 사는 동안 지은 죄 때문에, 그리고 그렇게 악한 죄를 많이 지은 것도 아닌데, 영원한 세월 동안 죽지도 못하고 펄펄 끓는 유황불 고통을 받아야 한다는 영원지옥설은 자비롭고 공의로우신 하나님의 속성에도 어긋나고 잔인무도한 일이다. 사람으로 태어난 것이 얼마나 저주스러운 일이 되겠는가! 하나님은 결코 그런 분이 아니시다. 구원받지 못한 사람들이 지옥에서 고통당하는 것을 만족스럽게 바라보시는 그런 하나님을 상상할 수 있는가? 우주 한구석 펄펄 끓는 유황불 구덩이에서 영원히 고통당하는 구원을 받지 못한 부모형제, 혹은 남편과 아내, 자식들을 보고 있다면 하늘에서의 영생 복락이 무슨 가치가 있는가! 이 처참한 고통의 부르짖음이 과연 무한한 사랑이신 하나님의 귀에 음악이 될 수 있을 것인가? 이 영원지옥설은 바벨론이 온 세계 사람에게 마시게 한 '진노의 포도주'라고 하는 거짓 교리 중의 하나이다.

만일 하나님께서 이러한 일을 하신다면 그분은 사랑과 공의의 하나님이라 불릴 수가 없다. 그것은 가증한 교리이며, 무신론자나 회의론자들이 기독교를 공격할 수 있도록 그들의 총에 탄환을 제공해 준 엄청난 폐해를 끼친 교리요, 하나님을 성실히 찾으려는 많은 사람을 돌아서게 만든 교리이다. 어떤 사람들은 "영원한 지옥이 존재하지 않는다면 하나님을 믿을 사람이 없을 것입니다."라고 주장하기도 한다. 그럴 수도 있다. 하지만 어쩌면 그 반대일 수도 있다. 영원한 고통의 지옥이라는 교리 때문에 하나님을 믿지 못하는 사람이 더 많을 것이다. 그러한 교리 때문에 하나님을 떠난 사람도 많을 것이다. 죄인은 사망에 처하는 것이지, 고문에 처하지 않는다. 죄의 삯은 사망이지, 영원한 고통이 아니다.

하나님은 죄인의 죽음을 기뻐하지 않으시고, 악인의 멸망이라도 슬퍼하신다.

"나 주 여호와가 말하노라 내가 어찌 악인의 죽는 것을 조금인들 기뻐하랴"(겔 18:23).

"주 여호와의 말씀에 나의 삶을 두고 맹세하노니 나는 악인의 죽는 것을 기뻐하지 아니하고 악인이 그 길에서 돌이켜 떠나서 사는 것을 기뻐하노라 이스라엘 족속아 돌이키고 돌이키라 너희 악한 길에서 떠나라 어찌 죽고자 하느냐 하셨다 하라"(겔 33:11).

"예루살렘아 예루살렘아 선지자들을 죽이고 네게 파송된 자들을 돌로 치는 자여 암탉이 그 새끼를 날개 아래 모음 같이 내가 네 자녀를 모으려 한 일이 몇 번이냐 그러나 너희가 원치 아니 하였도다"(마 23:37).

이렇게 호소해 놓고, "내가 그렇게 애썼는데 끝까지 안 돌아왔으니 영원히 불로 고통당하게 한다"면 지옥에 대한 교리만큼 하나님을 믿지 못하게 만드는 교리가 없다. 심판과 멸망이란 끝까지 하나님을 거절한 죄인이, 죄와 한 덩어리가 되어 분리되지 않았기 때문에 죄를 멸하시는 하나님의 진노에 의해 죄와 함께 멸망하는 것이다.

죄인이 소멸하지 않은 채 영원히 불타고 있다면, 이 우주 안에 죄가 여전히 남아 있게 되어 죄를 멸하시는 하나님의 계획이 실패한 셈이 된다. 하나님은 죄와 공존하실 수 없기 때문에 이 우주 안에서 죄를 멸하시는 것이다. 지옥은 있다. 불 못은 있다. 하지만 그것은 영원히 존재하는 곳이 아니다. 원래 지옥은 인간을 위해 존재한 것이 아니라는 사실을 알아야 한다. 사탄과 악한 천사들의 심판을 위해 마련된 곳이다. 하지만 우리가 죄를 버리지 않고, 사탄의 형상으로 살아간다면 죄를 멸하실 때 멸망 받을 수밖에 없다.

우리가 오늘 이렇게 살 수 있는 이유는 십자가의 사랑과 은혜 때문이다. 그러나 그 사랑과 은혜를 거절한 악인들은 심판받아야 한다. 이것이 또한 공의이다. 하나님께서는 죄인을 위해 더 이상 아무것도 하실 수 없을 만큼 크신 사랑과 희생을 보여주셨다. 예수 그리스도의 보혈의 피로 우리의 죄를 용서해 주시고, 성령을 통하여 매일 죄를 이길 수 있는 능력을 주시며, 오래 참으시는 인내와 인자하심으로 지금이라도 돌이켜 회개할 수 있는 은혜의 시간도 주신다.

그러나 얼마 동안 참으셔야 하는가? 이 세상의 역사가 이대로 계속 영원히 흘러가야 하는가? 그럴 수는 없다. 세상 역사를 마치고 재림하시겠다고 약속하셨다. 우리는 그 전에 주님께 돌아와야 한다. 계속 자기의 길을 고집하고, 십자가를 짓밟고 떠나는 사람들을 위해 하나님께서 더 인내하실 수 없다.

우리는 아무도 멸망 받기로 선택할 필요가 없다. 왜냐하면 우리에게 베풀어 주신 하나님의 은혜가 너무 크다. 우리의 구원을 위해 이루어 놓으신 하나님 사랑의 역사는 너무 커서 우리를 구원하시기에 넉넉하시기 때문이다. 하지만 하나님께서 당신의 사랑과 보호를 계속 거절하는 사람들을 더 이상 보호하실 수는 없으시다. 하나님의 눈물 어린 호소를 끝내 거절한 사람들을 눈물을 머금고 떠나시는 하나님의 모습을 생각해 보라! 이제는 그들이 스스로 거둔 결과들을 거두게 하시고, 죄의 세상에서 오랫

동안 주님께 탄원하고 고통당했던 의인들을 신원하시기 위하여 이 세상의 죄의 역사를 마치셔야만 하는 것이다.

수천 년이라는 오랜 시간 동안, 이 세상뿐만 아니라, 온 우주에 죄로 인한 고통이 있었다. 어쩌면 하늘은 인간이 죄를 지은 후에 더 이상 행복한 곳이 아니었을 것이다. 인간의 죄의 결과 때문에 빚어지는 모든 슬픔과 고통을 해결하시기 위해서 하나님께서 매일 마음 아파하시며 애쓰고 계셨다. 그래서 한 사람도 멸망에 이르지 않게 하시기 위하여 오래 참으시는 하나님의 사랑과 은혜 때문에 이 세상의 역사가 연장되고 있는 것을 우리는 본다.

심판이란 하나님의 사랑을 거절한 자들이 자기가 심은 것을 거두는 것이다. 하나님은 생명의 근원이시다. 하나님을 선택하지 않고 죄를 섬기기로 선택한 사람들은 하나님께로부터 분리되어 스스로 생명에서 끊어지는 것이다. 그래서 마지막에 하나님께서 죄를 태우실 때 죄를 회개하여 버리지 않고, 죄와 함께 하기로 고집한 사람들은 죄와 함께 탈 수밖에 없는 것이다.

하늘에서 불이 내려와 죄와 죄인들을 소멸하는 이때, 그 광경을 바라보는 이들은 어떤 마음일까? 이때 모든 의인, 하늘의 천사들, 그리고 어쩌면 하나님도 마지막으로 우시는 순간이다. "[3] 하나님이 그들과 함께 계시리니 그들은 하나님의 백성이 되고 하나님은 친히 그들과 함께 계셔서 [4] 모든 눈물을 그 눈에서 닦아주시니 다시는 사망이 없고 애통하는 것이나 곡하는 것이나 아픈 것이 다시 있지 아니하리니 처음 것들이 다 지나갔음이러라 [5] 보좌에 앉으신 이가 이르시되 보라 내가 만물을 새롭게 하노라 하시고 또 이르시되 이 말은 신실하고 참되니 기록하라 하시고"(계 21:3~5).

마침내 죄의 역사가 다 끝난 뒤, 하나님께서 먼저 당신의 얼굴에 흐르는 눈물을 씻으신 후, 우리의 눈에서 영원히 눈물을 닦아주실 것이다. 하나님은 이런 분이시다. 우리 모두 충성을 다해 공의와 자비의 하나님을 섬기자!

제10장

하나님이 사탄을 "지금" 멸망시키지 않는 이유

우리가 이 땅을 살면서 한가지 대답하기 어려운 고통스러운 문제가 있다. 왜 하나님께서는 사탄을 멸망시키지 않고 죄의 역사를 지속시키는가 하는 것이다. 히브리서에 보면 그리스도가 십자가에 못 박혀 돌아가신 중요한 이유 중 하나가 마귀를 멸망케 하기 위함이라고 기록돼 있다(히 2:14,15). 언젠가 멸망시킬 것이라면, 지금 멸망시키면 안 되는가? 왜 이 고통의 세월을 유지하는 것일까? 에덴동산의 하와는 큰아들 가인이 동생 아벨을 살해한 후에 이같이 고뇌에 찬 질문을 수없이 되뇌었을 것이다. 그때 이후로 수 없이 많은 사람이 고통을 겪을 때마다, 그리고 사랑하는 자가 고통을 당하거나 죽을 때마다 같은 질문을 반복해왔다. "하나님께서 언젠가는 기필코 사탄을 멸할 것이라면 어찌하여 오래전에 그렇게 하지 않으셨는가? 그리고 왜 지금이라도 그렇게 하지 않으시는가?"

그 대답을 우리는 요한계시록 12장에서 찾을 수 있다. 12장에는 세 명의 주인공이 등장한다. "[1] 하늘에 큰 이적이 보이니 해를 입은 한 여자가 있는데 그 발아래는 달이 있고 그 머리에는 열두 별의 면류관을 썼더라 [2] 이 여자가 아이를 배어 해산하게 되매 아파서 애써 부르짖더라 [3] 하늘에 또 다른 이적이 보이니 보라 한 큰 붉은 용이 있어 머리가 일곱이요 뿔이 열이라 그 여러 머리에 일곱 면류관이 있는데"(계 12:1~3). 여기에 보니까 여자, 아이, 그리고 용이 나온다. 그런데 이 세 주인공이 동시에 나오는 장면을 우리는 어디선가 보았다. 어디서 보았을까? "내가 너로 여자와 원수가 되게 하고 너의 후손도 여자의 후손과 원수가 되게 하리니 여자의 후손은 네 머리를 상하게 할 것이요 너는 그의 발꿈치를 상하게 할 것이니라 하시고"(창 3:15).

이 말씀은 에덴동산에서 아담과 하와가 범죄한 다음에 사탄에게 하신 말씀이다. 여기에 여자, 여자의 후손, 그리고 뱀이 나온다. 창세기에 등장한 3명의 주인공이 계시록 끝에 다시 등장하고 있다. 그러므로 성경은 이 세 명을 주인공으로 한 역사라는 것을 우리는 알 수 있다. 성경 어디를 봐도 전부 이 세 주인공에 대한 얘기다.

여자는 누구인가? 성경에서 "여자"가 상징적으로 쓰일 때는 "구약에서는 이스라엘"(왕하 19:21)이고, "신약에서는 교회"(고후 11:2)이다. 용은 누구인가? 사탄(계 20:2)이다. 여자의 후손은 누구인가? 예수 그리스도(사 9:6; 시 2:8,9; 고전 15:24~28; 갈3:16; 4:4)이시다.

01

하늘에서 벌어지는 전쟁

"그 꼬리가 하늘 별 삼분의 일을 끌어다가 땅에 던지더라 용이 해산하려는 여자 앞에서 그가 해산하면 그 아이를 삼키고자 하더니"(계 12:4).

별들이란 천사들이다. 사탄이 천사의 삼분의 일을 자기 편으로 만들었다는 것이다. 그런데 도대체 무슨 방법으로 지성이 뛰어난 그 많은 천사를 그렇게 성공적으로 기만할 수 있었을까?

악마는 한때 빛의 간직자란 뜻의 루시퍼란 이름으로 불렸다. 그는 아침의 아들 계명성이었다(사 14:12). 그는 하나님의 보좌 옆에 서 있던 존귀한 네 생물 가운데 하나였다. 하나님은 루시퍼를 완전하게 창조했다(겔 28:12,15). 그런데 루시퍼는 스스로 마귀가 되었다.

루시퍼는 그룹천사(겔 28:14)로서 하나님의 보좌 옆에 있는 것에 만족하지 못하고 하나님의 보좌에 앉으려는 야심을 품었다. 하나님과 동일한 권위를 행사하고자 했다. 그는 말하기를 "내가 나의 보좌를 높이리라", "지극히 높은 자와 비기리라"(사 14:12~20) 했다. 그러나 그 어떤 피조물도 창조주와 동등할 수는 없다.

루시퍼는 천사들로부터 지지를 모았다. 그의 설득에 의해 천사의 삼분의 일이 따라나섰다. 어떻게 이런 일이 생길 수 있을까? 루시퍼가 어떤 방법으로 천사들을 속였을까? 우리는 그 방법을 창세기에서 발견할 수 있다.

1. 루시퍼가 하와를 기만함

사탄이 하늘에서 사용한 방법은 그가 하늘에서 쫓겨난 후에 에덴동산에서 하와를 유혹할 때 사용했던 기만에서 알 수 있다. 하나님께서는 에덴동산에 있는 수많은 나무 중에서 선악과의 열매만은 먹지 말라고 당부하셨다. 이 간단한 금지 조항은 아담과 하와에게 성품을 개발하고 그들의 충성심을 나타낼 기회를 제공해 주었다. 하나님께서는 그 금지 조항을 명확히 주지시키기 위해 "먹는 날에는 정녕 죽으리라"(창 2:17)고 하셨다. 그런데 사탄은 뱀을 통해 하나님의 말씀과는 정반대로 "너희가 결코 죽지 아니하리라"(창 3:4)고 하였다. 그러고는 은근히 암시하기를 "하나님이 그 나무를 금지한 것은 너희를 진정으로 사랑하지 않기 때문이야," "너희가 그것을 먹는 날에는 너희 눈이 밝아 하나님과 같이 되어 선악을 알 줄을 하나님이 아심이니라"(창 3:5). 사탄은 엄청난 기만을 사용하고 있다. 그 기만은 너무나 대담해서 오히려 설득력을 발휘했다. "너는 결코 죽지 않을 거야" 뱀의 기만은 하나님을 거짓말쟁이로 암시하고 있다. 또 하나님의 경고는 무의미한 것이란 암시를 주고 있다. "불순종해도 너는 아무런 피해도 입지 않을 거야. 하나님을 순종할 필요가 전혀 없어." "네가 하나님과 같이 될까 봐 그런 거야" "널 사랑하지 않기 때문에 좋은 것을 주지 않으려는 거야" 사탄은 하와에게 자신의 유익과 행복을 위하여 선악과를 먹어야 한다고 은근히 충동질했다. 하나님의 말씀에 순종해야 할 필요가 없다는 것이다.

2. 루시퍼가 천사들을 기만함

사탄이 어떻게 하와를 유혹했는지 살펴보면, 루시퍼가 천사들을 어떻게 기만했는지 알 수가 있다. 그는 하나님이 천사들을 사랑하지 않는다고 교묘하게 충동질하고 하나님의 율법은 너무나 권위적이어서 천사들의 권리와 기쁨을 박탈한다고 설득했다. 천사들의 유익과 행복을 위해서는 하나님께 순종하지 말아야 한다는 것이다. 그뿐만 아니라 하나님의 경고는 의미가 없고 이 영원한 세상에서 아직 아무도 죽지 않았으며 앞으로도 죽지 않을 것이라고 말했을 것이다. 불순종으로 말미암아서는 아무런 피해도 입지 않고 하나님께 순종할 필요가 없다는 말로 천사들을 기만했을 것이다.

루시퍼는 자신의 정치적 영향력을 높이려 갈망했기 때문에 오직 천사들의 행복만을 위해 애쓰는 자인 것처럼 처신했다. 그는 천사들을 설득할 때, 자기가 천사이기 때문에 천사들에게 유익한 것이 무엇인지를 하나님보다 더 잘 알고 있다고 했다. "하나님은 형용할 수 없는 영광과 무한한 안락 속에 살고 있잖아? 그런 하나님이 피조물들의 진정한 필요에 대해 뭘 알겠어?"

우리는 하나님께서 수천 년에 걸쳐 얼마나 끈기 있게, 얼마나 친절하게 우리를 대하셨는지를 잘 알고 있다. 마찬가지로 하나님께서 루시퍼의 마음을 돌리기 위해 얼마나 큰 친절과 사랑으로 일하셨을지는 충분히 짐작이 가고도 남는다. 물론 루시퍼는 당초 자신의 그 행동이 무엇인지 잘 이해하지 못했을 것이다. 죄의 경험이 없는 루시퍼로서는 죄의 결과를 볼 수 없었다. 하나님은 성의를 다하여 루시퍼가 처한 위험을 경고하고 참을성 있게 그의 질문들에 답변하셨다. "주 여호와의 말씀에 나의 삶을 두고 맹세하노니 나는 악인의 죽는 것을 기뻐하지 아니하고 악인이 그 길에서 돌이켜 떠나서 사는 것을 기뻐하노라 이스라엘 족속아 돌이키고 돌이키라 너희 악한 길에서 떠나라 어찌 죽고자 하느냐 하셨다 하라"(겔 33:11). 배반한 이스라엘 백성들을 향해 하신 이 말씀을 하나님은 루시퍼를 향해서도 하셨을 것이다. 그러나 하나님으로서도 배반한 천사들을 더 이상 도와줄 수 없는 때가 당도했다. 하늘을 황폐시키는 루시퍼의 행위는 마땅히 중단되어야 했다. "[7] 하늘에 전쟁이 있으니 미가엘과 그의 사자들이 용으로 더불어 싸울새 용과 그의 사자들도 싸우나 [8] 이기지 못하여 다시 하늘에서 저희의 있을 곳을 얻지 못한지라 [9] 큰 용이 내어 쫓기니 옛 뱀 곧 마귀라고도 하고 사단이라고도 하는 온 천하를 꾀는 자라 땅으로 내어 쫓기니 그의 사자들도 저와 함께 내어 쫓기니라"(계 12:7~9). 루시퍼는 하늘에서 삼분의 일의 천사와 함께 쫓겨났다.

02

딜레마에 빠진 하나님

그런데 하나님이 결국엔 사탄과 그 천사들을 멸망시킬 것이라면, 왜 하늘에서 그렇게 하지 않으시고 피눈물로 얼룩진 수천 년의 역사 기간을 흘러가게 하시는 것일까? 우리는 처음 했던 질문으로 다시 돌아왔다.

만약 하나님이 하늘에서 루시퍼를 멸망시켰다고 가정해 보자. 수많은 천사 가운데서 어떤 반응이 일어났겠는가? 하늘 천사 3분의 1은 사탄의 기만을 완전히 믿고 따랐지만, 그러나 공공연히 사탄을 따르지는 않았으나 사탄의 말이 진실일지 모른다고 반신반의할 천사들이 많지 않았다고 누가 장담할 수 있겠는가? 우리도 그렇지 않은가? 어떤 사람이 누군가를 비난할 때 적극적으로 맞장구치는 사람들이 있고, 맞장구는 치지 않지만 "그럴지도 몰라" 그렇게 마음에 생각하는 경우도 있지 않은가? 만일 하나님이 사탄을 당장 멸망시켰다면, 천사들의 마음속에 하나님의 자비와 공의에 대해 의심이 생기기 시작했을 것이다. 그리고 이 같은 의심은 언젠가 또 다른 반란을 초래할 수 있다.

우리는 여기서 하나님의 기본 원칙인 자유의지에 대해 생각해 볼 수가 있다. "만일 여호와를 섬기는 것이 너희에게 좋지 않게 보이거든 너희 열조가 강 저편에서 섬기던 신이든지 혹 너희의 거하는 땅 아모리 사람의 신이든지 너희 섬길 자를 오늘날 택하라 오직 나와 내 집은 여호와를 섬기겠노라"(수 24:15). 하나님께서는 우리를 너무 사랑하셔서 하나님을 선택하지 않을 자유까지 주셨다. 하나님은 우리에게 사랑을 강요함으로 오히려 사랑을 파괴하는 일을 절대 하지 않으신다. 하나님께서 우리를 설득하고자 하실 때, 폭력이 아니라 계속 그의 자비를 나타내심으로 우리의 사랑을 얻고자 하신다. 하나님은 우리가 자유 의지의 선택으로 그분의 사랑에 응답하도록 기다리신다.

하나님은 루시퍼의 처리 문제에 있어서 고민에 빠졌을 것이다. 만일 루시퍼를 너무 빨리 처벌한다면 이미 루시퍼의 영향을 받은 천사들이 하나님을 폭군이라고 의심하게 될 것이다. 마치 하나님께서 "순종이냐? 죽음이냐? 둘 중 하나를 택하라!" 이런 독재자로 곡해될 여지가 남게 된다. 그러나 또한 사탄을 처벌하지 않고 내버려둔다면 하나님의 인내가 오히려 무력함으로 오해될 여지가 남는다. 사랑이신 우리 하늘 아버지께서는 이 같은 딜레마에 봉착하셨다. 하나님은 사탄이 사람들을 계속 괴롭힐 것이며 그리하여 사람들과 천사들이 "왜 하나님은 사탄을 멸망시키지 않으시는가?"하고 소리칠 것을 알고 계셨지만, 죄가 얼마나 악한 것인지 깨닫고 죄를 미워하고 또한 궁극적인 우리의 안전과 평화를 위해 사탄을 더 오래 살려 두기로 작정하셨다.

이런 생각이 들 수 있다. 사탄뿐만 아니라 모든 것을 없애 버리고 처음부터 다시 시작하면 되지 않은가? 그러면 반역한 루시퍼, 따라간 천사들, 남아있는 천사들 이 모두를 전부 없애 버리고 새로 시작하면 오해할 존재도 없으니, 죄와 불필요한 고통을 우주에 가져오지 않도록 모든 존재들을 단번에 멸망시키면 되지 않았을까?

하나님이 마음만 먹으면 그 수많은 은하계에 살고 있는 지성적인 존재들을 순식간에 완전히 없앨 수가 있을 텐데, 하나님 외엔 모든 존재들을 다 없애 버리고 새로운 피조물로 완전히 새롭게 채우실 수 있었을 텐데 왜 그렇게 하지 않았을까? 그렇게 재창조해도 하나님께서 그들에게 자유의지를 주시는 한 이런 일은 다시 반복될 수 있기 때문이다. 만약 이런 꼴을 보기 싫다면 답은 간단하다. 모든 피조물에게서 자유의지를 빼앗고 로봇으로 만들면 된다.

03

갈수록 태산

"[10] 내가 또 들으니 하늘에 큰 음성이 있어 가로되 이제 우리 하나님의 구원과 능력과 나라와 또 그의 그리스도의 권세가 이루었으니 우리 형제들을 참소하던 자 곧 우리 하나님 앞에서 밤낮 참소하던 자가 쫓겨났고 [12] 그러므로 하늘과 그 가운데 거하는 자들은 즐거워하라 그러나 땅과 바다는 화 있을진저 이는 마귀가 자기의 때가 얼마 못된 줄을 알므로 크게 분내어 너희에게 내려갔음이라 하더라"(계 12:10,12).

그런데 루시퍼가 쫓겨난 후, 더 복잡한 상황이 전개됐다. 루시퍼가 하늘에서 쫓겨남으로 하늘에는 승리의 함성이 퍼졌고 즐거워했지만, 악마가 이 땅으로 내려왔다. 그리고 아담과 하와를 범죄에 빠트렸다. 이때 이후로 사탄은 이 세상에 사는 우리를 무자비하게 괴롭혀 왔다.

사탄은 인간들을 불순종과 반역에 몰아넣었다. 그러나 하나님께서는 사탄에게 그랬던 것처럼, "오직 너희를 대하여 오래 참으사 아무도 멸망치 않고 다 회개하기에 이르기를 원하시느니라"(벧후 3:9)고 하셨다. 그런데 하나님의 오래 참으심이 또 다른 오해를 받게 되었다. "악한 일에 징벌이 속히 실행되지 않으므로 인생들이 악을 행하기에 마음이 담대하도다"(전 8:11).

사탄은 우리에게 속삭인다. "하나님은 사랑이시다. 그분은 너무나 자비로우시기 때문에 그분이 경고하신 대로 너희에게 형벌을 가하는 일은 없을 거야!" 하나님의 자비와 오래 참으심뿐 아니라 인간의 약점까지도 상황을 더욱 복잡하게 하는데 기여했다. 하나님께 순종하며 자신들의 죄 된 길을 극복하려고 애쓰던 사람들이 거듭 실패를 경험했다. 이런 경험은 또 다른 의문을 낳았다.

① 하나님에 대한 순종은 과연 가능한 일일까?
② 하나님은 불공평하고 이기적이어서 우리의 기쁨을 빼앗아 가기 위해 규칙들을 강요하시는가?
③ 하나님은 너무나 자비하시고 오래 참으시는 분이기에 그분에 대한 순종이 꼭 필요한 것은 아니지 않을까?

04

단 하나의 대답

    하나님은 여기에 답변을 준비해 놓고 계셔야 했다. 이러한 질문에 오직 한 가지 방법으로만 답변하기로 하셨는데, 그것은 예수님께서 인간이 되시는 방법이었다. 그분은 죄로 얼룩진 이 땅에 여인의 후손으로 태어나기로 하셨다(창 3:15). 그분은 수천 년간 죄의 영향으로 그 성정이 연약해진 인간의 수준에 살면서 피조물도 하나님과 밀접한 관계를 유지한다면 하나님의 계명을 능히 지킬 수 있다는 사실을 증명할 작정이셨다. 그리하여 예수님께서는 인간들이 그를 살해할 때도 그들을 사랑하셨다. 예수님은 진실로 우리를 사랑하신다는 사실과 그분의 사랑의 계명은 인간들에 의해 능히 준수될 수 있는 것이라는 사실을 분명하게 입증해 보이려 하셨다.

    베드로는 그 사실을 이렇게 설명한다. "[19] 오직 흠 없고 점

없는 어린 양 같은 그리스도의 보배로운 피로 한 것이니라 [20] 그는 창세 전부터 미리 알리신 바 된 자나 이 말세에 너희를 위하여 나타내신 바 되었으니"(벧전 1:19,20). 창세 전부터 죽기로 예정되신 어린양이라고 말씀한다. 동일한 말씀을 사도 요한은 창세로부터 죽임을 당한 어린양(계 13:8)이라고 말한다.

그리하여 예수님은 이 땅에 오셨다. 그는 "[7] 오히려 자기를 비어 종의 형체를 가져 사람들과 같이 되었고 [8] 사람의 모양으로 나타나셨으매 자기를 낮추시고 죽기까지 복종하셨으니 곧 십자가에 죽으심이라"(빌 2:7,8). 예수님은 가난한 가정에 태어나셨고 타락한 도시에서 자라나셨다(요 1:46). 주님은 어린 시절부터 어른이 될 때까지 끊이지 않고 남의 입방아에 올랐고, 터무니없는 비난과 박해를 당하기 일쑤더니 끝내는 십자가에 달리셨다. 예수님은 사탄이 하나님을 잘못 나타냄으로써 야기된 손상을 원상태로 치유하시기 위해 이 땅에 오셨고, 진실로 하나님이 어떤 분이신가를 손수 보여주셨다. 빌립이 "아버지를 우리에게 보여주십시오"(요 14:8)라고 요청했을 때, 예수님은 "나를 본 자는 아버지를 보았다"(요 14:10)고 하셨다.

하나님의 아들 그리스도께서 인간의 수준으로 내려오신 것을 본 하늘 천사들은 하나님은 사랑이시라는 사실을 확신했다. 그들은 이제 그렇게도 친절하고 자기희생적인 하나님께서 피조물들의 행복을 침해하도록 하기 위해 순종과 계명을 강요하려는 의도가 전혀 없으시다는 사실을 확신하게 되었다. 오직 하나님의 계명은 우리의 유익을 위한 것으로써 마땅히 순종해야 한다는 결론에 도달했다.

천사들은 또한 인간들도 하나님의 율법을 순종할 수 있다는 사실을 보았다. 예수님은 범사에 형제들과 같이 되셨고, 모든 일에 우리와 한결같이 시험을 받았다(히 2:17; 4:15). 그럼에도 예수님은 아버지의 계명을 다 지키셨다(요 15:10). 그리고 하나님이 사랑이시라고 해서 순종이 필요 없어지는 것이 아니다. 그동안 인류 역사를 지켜보던 천사들은 이제 죄의 정체를 알게 되었다. 죄의 적나라한 모습과 그 무섭고 추악한 결과가 드러난 것이다. 교만과 시기와 거짓된 야망이 아침의 별 루시퍼를 용과 같은 괴물로 전락시켰음을 알게 되었다. 십자가에서 하나님의 길과 용의 길, 하나님의 진리와 사탄의 거짓이 정면으로 부딪쳤다. 온 우주는 사탄의 잔인성을 보고 사탄의 정체를 완전히 알게 되어, 이렇게 찬송을 불렀다. "큰 음성으로 가로되 죽임을 당하신 어린 양이 능력과 부와 지혜와 힘과 존귀와 영광과 찬송을 받으시기에 합당하도다 하더라"(계 5:12).

05

왜 끝나지 않는가?

그런데 또 질문이 생긴다. 그리스도의 삶과 죽음을 통해 하나님의 선하심과 사탄의 악함을 완전히 파악하게 되었다면 그때 이후로 사탄을 멸망시키고 이 죄의 역사를 끝내시면 되지 않는가? 하나님의 율법과 하나님의 성품에 대한 문제들이 다 해결되었다면 십자가로 말미암아 사탄을 멸망시키고 새 역사를 시작해도 되지 않는가? 왜 끝나지 않는 것인가?

그 이유는 인간에게 있다. 첫 번째는, 오늘날에도 수십억의 사람들이 하나님의 말씀보다는 뱀의 말을 믿는다. 대부분 사람이 사탄의 편에 서 있다. 만일 하나님이 오늘 사탄을 멸망시킨다면 그 당연한 논리적 귀결로 대부분의 사람도 멸망시켜야 한다.

그러나 우리 하나님은 바로 나를 회개시켜 하나님을 믿게 하기 위해 시간을 허락하고 계신다.

두 번째는, 예수님처럼 승리하는 교회, 그 여자의 남은 자손이 출현해야 하기 때문이다.

06

예수 그리스도께서 용과 싸우는 동안 여자는 어떻게 되었는가?

"[13] 용이 자기가 땅으로 내어 쫓긴 것을 보고 남자를 낳은 여자를 핍박하는지라 [14] 그 여자가 큰 독수리의 두 날개를 받아 광야 자기 곳으로 날아가 거기서 그 뱀의 낯을 피하여 한 때와 두 때와 반 때를 양육 받으매"(계 12:13,14).

계시록 12장은 하늘의 장면과 땅의 장면을 번갈아 가며 보여주고 있다. 땅으로 쫓겨난 사탄은 여자를 핍박하기 시작했다. 처음에는 예수 그리스도의 탄생을 막기 위해 구약의 여자인 이스라엘을, 로마제국을 통해 괴롭히다가, 예수님의 승천 이후에 이 땅에 남은 여자 즉 교회를 한때 두때 반때 538년부터 1798년까지 1260년 동안 로마 카톨릭을 통해 괴롭혔다.

광야는 인적이 드문 산과 거친 들을 상징하는데 중세 교황권이 득세할 때, 성도들은 이탈리아의 피에몽 골짜기(Piedmont

Valleys)와 같은 곳에서 숨어 살았다. "독수리의 날개"는 구약에서 빌려 온 표현이다. 이스라엘이 애굽의 노예 생활에서 탈출했을 때, 하나님이 독수리의 날개로 저들을 업어 날랐다고 말씀했다(출 19:4). 하나님의 능력 있는 팔이 출애굽 동안에 이스라엘을 지키셨고, 1260년간 참 교회를 보호하셨으며, 오늘도 여전히 우리를 감싸안고 계신다. 우리가 이 땅에서 살아갈 때 고통스러운 일이 많으나 하나님께서는 당신의 백성을 한시도 잊지 않으시고 보호하신다. 지금 당장 눈에 보이게 뭔가 해결되지 않을지라도, 상황은 점점 더 꼬여만 가고, 사방이 원수들에게 둘러싸여 있는 것처럼 보일지라도, 하나님께서는 당신의 백성이 당하는 시련을 지켜보고 계시며, 그것이 우리의 구원에 필요한 것이기 때문에 허락하신다는 사실을 늘 기억함으로 용기를 얻자!

07

핍박이 극에 달했을 때, 무슨 일이 발생하는가?

"[15] 여자의 뒤에서 뱀이 그 입으로 물을 강 같이 토하여 여자를 물에 떠내려가게 하려 하되 [16] 땅이 여자를 도와 그 입을 벌려 용의 입에서 토한 강물을 삼키니"(계 12:15,16).

비겁하게 뒤에서 공격했다. 음모와 술수, 비난과 정죄를 통해 사람을 공격하고 괴롭히는 사탄의 특성을 잘 표현하고 있다. 물로 공격하는데 물은 나라, 백성, 지지세력을 뜻한다(계 17:5). 사탄은 그에게 동조하는 많은 사람을 동원하여 소수의 하나님 백성을 이단이라 정죄하고 공격한다. 거짓 종교로 참 교회를 말살시키기 위해 홍수처럼 거센 물결로 교회를 쓸어가려고 할 때, 땅이 교회를 도와서 물을 삼켜버린다.

1260년의 핍박이 거의 끝나갈 무렵, 물에 떠내려갈 위기에 처한 여자를 구한 땅은 도대체 무엇일까? 물은 많은 사람을 상징하고, 땅은 사람이 적은 황량함을 나타내는데 그때 당시 어떤 땅이 교회를 도왔는가?

유럽에서 박해를 피하고 신앙의 자유를 위해 왕도 없고 교황도 없는 곳을 찾아 102명의 청교도가 신대륙 미국에 도착했다. 그때 이후 수천 명의 그리스도인들이 교황의 탄압에서 벗어나고자 신앙의 자유를 찾아 바다를 건너왔다. 1776년 미국이 독립을 선언하고 건국되었을 때 그들의 헌법에 종교자유를 명시함으로 땅이 여자를 돕겠다는 성경 예언이 성취되었다.

"용이 여자에게 분노하여 돌아가서 그 여자의 남은 자손 곧 하나님의 계명을 지키며 예수의 증거를 가진 자들로 더불어 싸우려고 바닷모래 위에 섰더라"(계 12:17).

계시록 12장 끝에 다시 용, 여자, 여자의 남은 자손 이렇게 세 명의 주인공을 언급한다. 용은 사탄이지만 사탄은 자기의 일을 대신하는 대리자를 이 땅에 가지고 있는데, 그들은 곧 로마 교황청이다.

땅이 출현하여 교황이 지배하던 암흑시대가 종결되고, 교회에 대한 핍박도 끝난 줄 알았는데, 사탄은 이제 마지막 대 전쟁을 하려고 심기일전하고 있는 모습이다. 모래는 바다와 땅이 만나는 지점이다. 사탄이 바닷모래 위에 섰다는 것은 계시록 13장에서 바다에서 나오는 짐승과 땅에서 나오는 짐승 양쪽을 잘 지휘하는 위치이다. 우리는 하나님 백성의 피난처가 됐던 땅 미국이, 어떻게 하나님과 교회를 배반하고 사탄의 가장 강력한 지지자가 되는지 살펴보게 될 것이다.

남은 자손이란 여자의 마지막 후손을 뜻한다. 마지막 시대 유일한 참된 교회를 가리킨다. 그것은 어떤 교단이나 교파나 건물이 아니라, 성경이 말한 대로 "하나님의 계명"을 지키며 "예수의 증거"를 가진 사람들이다. 그들 때문에 사탄이 더욱 분노하고, 잠들어 있는 교회를 공격하는 것이 아니라, 깨어 있어 하나님의 계명을 지키며 예수의 증거를 가진 교회와 최후의 전쟁을 하려는 것이다.

예수의 증거는 무엇인가? 성경 자체가 해석해 주고 있다. "[1] 예수 그리스도의 계시라 이는 하나님이 그에게 주사 반드시 속히 될 일을 그 종들에게 보이시려고 그 천사를 그 종 요한에게 보내어 지시하신 것이라 [2] 요한은 하나님의 말씀과 예수 그리스도의 증거 곧 자기의 본 것을 다 증거하였느니라 [3] 이 예언의 말씀을 읽는 자와 듣는 자들과 그 가운데 기록한 것을 지키는 자들이 복이 있나니 때가 가까움이라"(계 1:1~3).

예수의 증거는 곧 요한이 본 것이고, 요한이 본 것은 예언의 말씀이다. 사도 요한이 예수님께 받은 말씀, 그것이 예수의 증거였다. 계시록 19장에서 더 분명히 알려준다. "예수의 증거는 대언(예언)의 영이라 하더라"(계 19:10). 예수의 증거란 예언하는 성령, 하나님의 말씀을 의미한다. 즉 말씀을 깨우쳐주는 성령의 은사, 시대를 분별하고, 사탄의 대기만을 폭로하며, 마지막을 준비할 수 있도록 하는 말씀의 선물이 마지막 시대에 교회에 주어질 것을 말하고 있다. 그래서 사탄이 자기의 정체가 다 폭로되므로 그 예수의 증거를 가지고 있는 자들에게 분노하여 공격한다는 것이다.

08

그 여자의 남은 자손

"십자가 후에도 왜 사탄을 멸망시키지 않고, 이 죄의 역사를 계속 두는가?"에 대한 질문으로 다시 돌아가 보자. 첫 번째는 바로 나를 구원하기 위함이라고 했고, 두 번째는 예수님처럼 승리하는 그 여자의 남은 자손이 출현해야 하기 때문이라고 했다.

이 땅에 사는 많은 사람이 아직 참된 하나님의 말씀을 듣지 못했다. 바로 이런 이유로 참 복음을 알고 있는 사람들이 온 세상에 복음을 전해야 하는 것이다. 특별히 동시대를 살아가는 모든 사람이 참된 복음을 듣고 하나님이냐, 사탄이냐, 결단을 내리기 전에는 우리의 자비로운 하늘 아버지께서 이 선과 악의 대 전쟁을 끝내실 수가 없다. 그 일이 바로 다음 장에 이어지는 계시록 13장의 짐승의 표의 시험이다. 그때 사람들은 하나님을 선택할지, 사탄을 선택할지 각자의 자유의지로 자기 주인을 선택하게 된다. 그 일은 동시대에 모든 세상 사람에게 동일하게 주어지는 테스트다.

오늘날 많은 교회에서 하나님의 성품과 율법을 잘못 나타내고 있다. "계명은 지킬 수도 없고, 또한 지금은 은혜의 시대에 살고 있기 때문에 지키지 않아도 된다"고 가르친다. 또는 "다른 건 다 지켜야 하지만, 넷째 계명은 안 지켜도 된다"고 말한다. 이로써 그들은 자기도 모르게 옛날 뱀이 하와를 유혹할 때 사용했던 말을 되풀이하고 있는 셈이다. 무서운 기만이다.

이제 인류 역사의 끝이 다가오고 있다. 곧 이 땅에 사는 모든 사람은 어느 한 편을 택하게 될 것이다. 한쪽은 사탄의 거짓을 굳게 믿기로 선택한 사람들이 설 것이다. 그 거짓과 반대되는 온갖 증거들이 친절하게 제시되었는데도 불구하고 그들은 "하나님은 은혜의 하나님이기 때문에 불순종을 용납하실 것"이라고 스스로를 속인다. 그들은 하나님의 계명은 인간의 행복을 거스른다고 고집할 것이며, 공의는 빠진 채 은혜와 사랑만 찬양하다가 짐승의 표를 받게 될 것이다.

이 선과 악의 또 다른 진영은 하나님의 인을 받게 될 것이다. 이들은 하나님께서 인류의 행복을 위해 계명을 주셨음을 깨닫고 하나님을 존귀하게 여기는 사람들로 구성되었다. 그들은 사탄의 주장을 단호하게 거부하고 믿음으로 그리스도의 손을 붙잡고, 하나님의 진리를 믿고 실천하며, 전심을 다 해 주님을 따르는 사람들이다. 이들이 바로 그 여자의 남은 자손, 마지막 시대의 참 교회이다.

하나님께서 이 세상의 역사를 종결짓기 전에 하나님의 계명을 지키고, 예수의 증거를 가지고, 예수의 믿음을 가지고 있는 하나님의 참 백성, 한 무리, 한 교회, 그 여자의 남은 자손들을 부르시고 있다. 당신은 어느 편에 서기로 결심하는가? 하나님의 편을 선택하는 것은 쉬운 일이 아니다. 그것은 이 세상에서는 대우받지 못하는 길이다. 유별나며, 고집스럽고, 은혜를 무시하고 계명만 내세우는 율법주의자로 취급받는 길이다. 그런데도 하나님의 길을 선택할 수 있겠는가? 지금, 이 순간 하나님께서 나를 "하나님의 계명을 지키고 예수의 증거를 가진 백성"으로 부르시는 그 음성에 응답하도록 하자! 그 끝은 영생이다.

제11장
사탄의 최후와 천년왕국

인류 역사의 마지막 장면들은 어떻게 되며 역사가 끝나는 그 때에는 무슨 일들이 일어날까? 사탄은 어떻게 그 최후를 맞이할 것인가? 요한계시록 20장에는 교회를 다니면서 한 번도 들어보지 못한 "첫째 부활", "둘째 부활"이라는 수수께끼 같은 단어들이 쏟아진다. 또 사탄을 천 년 간 결박했다가 풀어준다니 그건 또 무엇일까? 무저갱은 지옥을 의미하는 것인가? 정말 아리송한 내용들이 20장에 가득 있다. 하지만 이 단어들을 이해하면, 하나님께서 인류 역사를 종결짓는 과정이 얼마나 섬세하고 과학적이며 사랑으로 가득한지를 알고 경탄할 수밖에 없다. 요한계시록은 지난 2천 년 간의 인류 역사를 기록한 미리 쓴 역사서이며, 역사가 어떻게 흘러갈 것인지, 제국들의 흥망성쇠와 인류는 어떻게 종말을 가져올 것인지를 비밀 코드와 같은 언어로 쓰인 책이다. 성경은 정신 수양을 위한 여러 가르침처럼 "마음을 다스려라, 착하게 살아라" 그런 내용을 담은 책이 아니다. 성경은 인류의 어제와 오늘과 내일을 계시한 예언서이며 우리는 그 부인할 수 없는 역사적 사실들을 요한계시록에서 확인했다. 그러므로 앞으로 일어날 일들도 부인할 수 없는 역사적 사실이 될 것이다. 지난 인류 역사 동안 하나님의 참 교회가 세상 권력으로부터 환난과 핍박을 당하기도 했고, 그보다 더 큰 문제는 교회가 돈의 맛을 본 이후 배도와 타협으로 현시대의 기독교처럼 암울한 상태에 이르렀다. 참 교회는 없는 것 같고, 거짓 선지자들은 세상을 호령한다. 그러나 드디어 짐승과 거짓 선지자는 하나님으로부터 심판을 받게 되고, 예수님은 지구 역사를 끝내시고 이 땅에 다시 오게 된다.

요한계시록 19장 11절부터 22장 6절까지는 세상 마지막 시대에 있을 사건들이 시간적 순서대로 나열돼 있다. 그리스도의 재림(19:11~21), 천년기(20:1~10), 최후의 심판(20:11~15), 새 하늘과 새 땅(21:1~22:6)으로 이어진다. 그 역사의 마지막 장면으로 함께 가보도록 하자.

01

천년기의 시작 때 무슨 일이 있는가?

"[1] 또 내가 보매 천사가 무저갱 열쇠와 큰 쇠사슬을 그 손에 가지고 하늘로서 내려와서 [2] 용을 잡으니 곧 옛 뱀이요 마귀요 사탄이라 잡아 일천 년 동안 결박하여 [3] 무저갱에 던져 잠그고 그 위에 인봉하여 천 년이 차도록 다시는 만국을 미혹하지 못하게 하였다가 그 후에는 반드시 잠간 놓이리라"(계 20:1~3).

지금 이 장면은 계시록 19장에서 예수님의 재림과 동시에 벌어지는 일이며 그때부터 천년기가 시작된다. 무저갱이란 어딘가에 있는 지옥을 말하는 것이 아니고, 재림으로 황폐된 이 세상을 의미한다. 똑같은 무저갱이라는 용어가 계시록 9장에서는 이슬람의 등장을 나타낼 때 아라비아 사막의 생명력 없는 땅을 묘사하는 것으로 사용되었다. 로마서 10장 7절에서는 아라비아 사막보다도 더욱 황량한 무덤을 뜻하고 있다. 계시록 20장에서는 그리스도의 재림으로 온 세상이 황폐된 이후의 땅을 의미하는 것이다.

예수님께서 재림하실 때, 의로운 사람들은 모두 구름 속으로 끌어 올려 공중에서 주를 영접하게 되고, 악인들은 지난 호에서 확인한 것처럼 모두 죽임을 당했다. 어딘가에서 불에 타고 있는 것이 아니라 악인들은 모두 죽었다. 그 후 깊은 칠흑 같은 어둠이 천 년을 덮을 것이다. 땅의 표면은 지진으로 갈라지고 불탄 자취로 검게 그을려 있으며, 한때 공장들과 거대한 빌딩들이 들어서 있던 도시에는 무너진 건물의 잔재와 터지고 갈라진 흙더미들이 즐비할 것이다. 그리고 들리는 소리라고는 바람 소리와 타락한 천사들의 통곡 소리, 그리고 먹이에 굶주린 날짐승들이 시체를 뜯어먹는 소리와 푸드덕거리는 날갯소리뿐이다. 이것이 계시록 19장에서 묘사되었던 장면이다. 이 지구에 남아있는 존재는 사탄과 악한 천사들밖에 없다. 더 이상 유혹하고, 기만해서 하나님을 반역하게 할 인간들이 없는 것이다. 사탄은 이 기간에 아무것도 하지 못하기 때문에, 결박당한 신세가 되는 것이다. 이것은 아담의 타락 이후 지구에서 쉴 새 없이 사람들을 죄에 빠지게 만든 사탄에게는 견딜 수 없는 형벌이다. 그가 결박당했다는 것은 아무것도 할 수 없는 신세가 되었다는 것이다. 우리가 "손발이 묶여 아무것도 할 수 없다"는 표현을 사용하는 것과 마찬가지다.

캄캄하고 음침한 천 년 동안 사탄은 무엇을 하며 지낼까? 아무것도 할 일이 없다. 그저 하늘에서 누렸던 영광을 되찾아 보려는 부질없고 절망적인 음모를 꾸미고, 타락한 천사들끼리 끝없이 서로 비난하고 싸우는 일 외에는 전혀 할 일이 없다. 사탄에게는 자기가 저지른 죄의 참담한 결과들을 보면서 고통을 받는 형벌의 기간이 될 것이다. 얼마 동안 미혹을 못 하는가? 천 년 동안이다. 사탄의 결박과 함께 천 년이 시작한다.

02

성도들은 천 년 동안 무슨 일을 하는가?

"[4] 또 내가 보좌들을 보니 거기 앉은 자들이 있어 심판하는 권세를 받았더라 또 내가 보니 예수의 증거와 하나님의 말씀을 인하여 목 베임을 받은 자의 영혼들과 또 짐승과 그의 우상에게 경배하지도 아니하고 이마와 손에 그의 표를 받지도 아니한 자들이 살아서 그리스도로 더불어 천 년 동안 왕 노릇 하니 [5] (그 나머지 죽은 자들은 그 천 년이 차기까지 살지 못하더라) 이는 첫째 부활이라 [6] 이 첫째 부활에 참예하는 자들은 복이 있고 거룩하도다 둘째 사망이 그들을 다스리는 권세가 없고 도리어 그들이 하나님과 그리스도의 제사장이 되어 천 년 동안 그리스도로 더불어 왕 노릇 하리라"(계 20:4~6).

예수님 재림 당시 죽은 악인들은, 천 년이 차기까지 살지 못한다고 했기 때문에 천 년이 지나면 다시 살아난다는 것을 의미한다.

그러므로 의인들의 부활은 첫째 부활, 천 년 후의 악인들의 부활은 둘째 부활이라고 성경은 말하고 있다.

의인들은 죽은 후에 부활하는데, 부활 후에는 다시 죽지 않고 영원히 주님과 함께 산다. 악인들은 죽었다가 천 년 후 둘째 부활로 일어나 마지막 반역을 행한 뒤 둘째 사망을 당한다. 의인들은 한 번의 죽음을, 악인들은 천 년 후 다시 죽기 때문에 두 번 죽는다. 이 둘째 사망은 죄인들이 죽는 영원한 형벌의 죽음이다. 그렇기 때문에 둘째 사망이 의인들을 다스리는 권세가 없다고 하는 것이다.

위 성경 절의 장면은 예수님께서 재림하시고, 의인들이 하늘에 올라가서 천 년 동안 무엇을 할 것인지 설명하고 있는 말씀이다. 의인들은 언제 하늘에 갈까? 죽으면 바로 갈까? 아니면 예수님의 재림 때 갈 것인가? 지금까지 사람이 죽으면 바로 천국과 지옥을 간다고 믿어 왔겠지만, 성경은 예수님의 재림 때 의인들이 부활해서 하늘에 간 다음 심판하는 권세를 누린다고 말씀하고 있다. 성경에는 믿는 자가 죽으면 바로 천국이나 지옥 간다는 말씀이 없다. 따라서 성경에 특별히 언급된 죽음을 맛보지 않고 살아서 승천한 에녹과 엘리야, 죽음에서 부활한 모세 그리고 예수님께서 부활하실 때 함께 부활한 몇 의인들 외에는 천국에 간 사람이 없고, 마찬가지로 지옥에 간 사람은 단 한 명도 없다. 요즘 천국과 지옥의 환상을 보았다는 간증이 많지만,

사람의 환상과 간증보다 우리는 성경의 증언을 더욱 신뢰해야 한다.

예수님께서 이렇게 말씀하셨다. "내 아버지의 뜻은 아들을 보고 믿는 자마다 영생을 얻는 이것이니 마지막 날에 내가 이를 다시 살리리라 하시느니라"(요 6:40). 언제 살린다고 하셨는가? 마지막 날에! 재림 때! 그렇다면 신자들이 언제 부활하는가? 그리스도께서 다시 오실 때! 너무나 단순한 이 진리가 오늘날 이교의 신학과 혼합되어 잘못 이해되고 있다. 이 부활이 바로 계시록 20장에서 말한 "이는 첫째 부활이라 이 첫째 부활에 참예하는 자들은 복이 있고 거룩하도다" 예수님께서 말씀하신 마지막 날에 다시 살리시겠다고 한 의로운 성도의 부활이 첫째 부활이고 이 부활에 참여한 자들은 복되고 거룩하다. 첫째 부활은 예수님의 재림과 함께 천년기가 시작할 때 일어난다. 첫째 부활이 있으면 당연히 둘째 부활이 있다. 둘째 부활은 천 년이 지난 후, 천년기 끝에 있는 악인들의 부활이다.

구원받은 사람들이 천년 기간에 수행하는 심판은 아무리 강조해도 지나칠 수 없을 만큼 크다. 이 심판은 누가 구원받고 누가 멸망할지 결정하는 것이 아니다. 이 결정은 예수님께서 재림 전에 이미 다 하셨으며, 그 결과로 의인들이 승천하여 하늘에 가 있지 않은가? 그럼 천 년 동안 무슨 심판을 한다는 것일까? 천년 기간에 심판의 대상은 영원히 멸망할 사람들이다. 구원받은 성도들은 하나님께서 내리신 결정과 심판이 얼마나 공의로운지에 대해 확인하는 것이다. 바울은 이 장면을 이렇게 말했다. "[2] 성도가 세상을 판단할 것을 너희가 알지 못하느냐 [3] 우리가 천사를 판단할 것을 너희가 알지 못하느냐"(고전 6:2,3).

구원받은 의인들은 하늘에 오지 못한 그들의 사랑하는 사람들을 그리워할 것이다. 어머니들은 조마조마한 심정으로 구원받은 수많은 무리 가운데 그들의 아들, 딸을 찾을 것이고, 남편들은 그 자리에 나타나지 않는 아내를 위해 탄식할 것이며 자녀들은 부모를 위해 슬퍼할 것이다.

우리가 하늘에 가면 3가지 사실에 놀라게 된다. 첫째는 내가 하늘에 왔다는 사실이다. 나 같은 사람이 주님의 은혜로 형언할 수 없는 하늘에 온 사실에 놀라게 될 것이다. 두 번째는, 거기에 오리라고는 도무지 상상하지 못한 사람을 발견하는 일일 것이다. 세 번째는, 반드시 그곳에 오리라고 생각했던 사람들을 거기서 만나지 못하는 일일 것이다.

하나님께서는 우리가 그분을 온전히 신뢰하기를 원하신다. 바로 이것 때문에 하나님은 과거 수천 년간 인내하신 것이다. 천년기 끝에 우리가 알고 있던 구원받지 못한 사람들이 소멸시키는 불에 태움을 당할 것이다. 그런데 하나님께서는 이런 일이 발생하기 전에 왜 이런 일이 생겨야만 하는지 의인들이 완전히 이해할 수 있는 시간을 갖기를 바라신다. 이 같은 일은 하나님께서 소돔과 고모라 성을 불로 멸망시키기 전에 아브라함을 위해 하신 것과 비슷한 성격의 것이다. 창세기 18장에서 하나님은 평범한 사람의 모습으로 사전 약속도 없이 아브라함을 방문하셨다. 언제나 한결같이 친절한 아브라함은 알지도 못하는 이 손님을 맞아 음식을 대접했다. 식사 후 그는 길을 떠나는 손님을 꽤 먼 거리까지 배웅했다. 요단 계곡에 위치한 그 운명의 도시들이 내려다보이는 높은 지점에 이르자 그들은 잠시 머물러 서서 대화를 나눴다. 그때 하나님께서는 자신이 의도하고 있는 일을 아브라함에게 말씀하셨다. 아브라함은 크게 충격을 받았다. 그러나 비로소 손님이 누구신지를 깨달은 아브라함은 악한 도시를 중재하기 시작했다. 그는 도시에 살고 있는 여러 사람을 알고 있었다. 아브라함은 용기를 내어 하나님의 공정성을 붙잡고 늘어졌다. 그는 겸손하고 간절한 마음으로 만일 소돔 성에 의인 50명만이라도 있으면 "제발 그 성을 멸하지 마옵소서"라고 간청했다. 하나님께서는 흔쾌히 그의 조건을 수락하여 아브라함을 기쁘게 하셨다. 그러나 잠시 생각을 해본 아브라함은 그 성에 의인 50명이 있을지 불안해지기 시작했다. 그는 다시 하나님께 의인 45명으로 낮추었으며, 다시 40명, 30명, 20명, 마지막에는 10명까지 낮추었다. 그때마다 하나님께서는 조건에 동의해 주셨다.

다음 날 아침 번쩍이는 섬광과 모든 것을 집어삼킬 듯한 불꽃에 의해 두 도시는 멸망되었으나 아브라함은 염려하지 않았다. 그는 하나님의 사랑과 공정성을 추호도 의심하지 않았기 때문이다. 하나님이 사람들을 얼마나 사랑하는지 아브라함은 알고 있었다. 만약 소돔과 고모라가 어느 날 갑자기 멸망했다면 아브라함은 하나님에 대하여 의문을 가졌을 것이다. 그러나 이 과정을 통해 하나님이 얼마나 인간을 구원하고 싶어 하는지, 그리고 소돔과 고모라 두 성이 자기가 상상하던 것보다 훨씬 더 사악했다는 사실을 인식하게 되었다.

바로 이와 같이 예수님께서 재림하실 때, 살아서 예수님을 맞이하는 의인들과 첫째 부활에 일어난 의인들은 천년기에 하나님의 의로우신 심판에 참여할 것이다. 그들은 하나님이 얼마나 큰 정성과 인내로 잃어버린 영혼들을 위해 애쓰셨는지를 확인하게 될 것이다. 그들은 죄인들이 얼마나 완강하게 하나님의 사랑을 경멸하고 배척했는지를 깨닫게 될 것이다. 그들은 또 외관상 경건해 보였던 사람들이 은밀하게 추악한 이기심과 욕정을 키우고 있었다는 사실을 발견하게 될 것이다. 그래서 그들이 멸망할 수밖에 없는 존재임을, 그리고 그들에 대한 하나님의 심판과 결정이 옳았음을 이해하고 하나님의 사랑과 공의에 대해 온전히 신뢰하게 된다.

03

천 년 후에 무슨 일이 있는가?

"[7] 천 년이 차매 사탄이 그 옥에서 놓여 [8] 나와서 땅의 사방 백성 곧 곡과 마곡을 미혹하고 모아 싸움을 붙이리니 그 수가 바닷모래 같으리라 [9] 저희가 지면에 널리 퍼져 성도들의 진과 사랑하시는 성을 두르매 하늘에서 불이 내려와 저희를 소멸하고 [10] 또 저희를 미혹하는 마귀가 불과 유황 못에 던지우니 거기는 그 짐승과 거짓 선지자들도 있어 세세토록 밤낮 괴로움을 받으리라"(계 20:7~10).

옥은 "지옥"이 아니라 "감옥"의 개념으로 사용되었고 아무것도 할 수 없는 감옥 같은 지구를 옥으로 표현했다. "곡"과 "마곡"은 고대 이스라엘을 괴롭히던 적의 이름이다(겔 38:2; 39:6). "곡"은 사람 이름이고 "마곡"은 지명이다. 하지만 실존 명칭이 아니라 고대 이스라엘의 북방 적들을 상징적으로 표현한 것이고, 하나님을 대항하는 모든 악인을 그렇게 불렀다. 곡과 마곡은 "땅의 사방" 동서남북에 있는 하나님의 모든 원수, 곧 이 세상의 모든 세대에 속하는 구원받지 못한 사람들을 대표하고 있다. 구원받지 못한 사람들은 그들의 사령관인 사탄의 지휘하에 동서남북에서 물밀듯이 몰려와 예루살렘 성을 공격하기 위해 에워싸는 장면이다.

  둘째 부활은 무엇인가? 사탄과 온 세상이 하나님의 사랑하는 성을 침공하는 내용을 읽으면서 '그들은 모두 죽었는데, 악한 사람들이 도대체 어디서 몰려든 것일까?' 하는 의문이 생긴다. 죽은 악인들은 천 년이 차면 부활하는데, 천년기 전에 성도들의 부활은 첫째 부활이고, 천년기 후에 악인들의 부활은 둘째 부활이다. 천년간 홀로 외롭게 있던 사탄은 살아난 죄인들을 보면서 다시 기만하고자 무저갱에서 해방을 느끼고, 그들에게 새 예루살렘 성을 침공하여 빼앗을 수 있다고 충동질한다. 악인들은 지옥에 있으면서 천 년 후에 부활하는 것이 아니라 죽음에서 부활한 것이다. 사탄이 이때 부활한 악인들을 미혹하는 것이다. 악인들은 이 땅에서 기만당한 것처럼 그때에도 기만당할 것이다. 이런 상황에서조차 어떻게 그럴 수 있을까 생각되지만, 죄는 모두 어리석은 것이다. 모든 상황을 통틀어서 현명한 길은 언제나 하나님의 지도를 따르고 그분의 뜻을 받아들이는 것이다. 제아무리 사소한 일상 생활의 일에서라도 주님의 뜻을 거역하고 자기

고집만을 내세운다면 우리는 어리석은 사람이 되는 것이다. 우리가 악하면 악할수록 우리는 그만큼 더 어리석은 사람이 된다. 사탄은 수천 년 동안 하나님을 거역해 왔기 때문에 그의 어리석음도 절정에 달했다. 그는 하나님의 보좌를 빼앗아서 그 자리에 앉아 예수 그리스도 대신 왕 노릇 하려는 무모한 도전으로 마지막을 장식한다. 사탄의 추종자들도 너무나 오랫동안 비합리적인 생각과 결정이 습관화 되었기 때문에 사탄의 기만적인 말에 쉽게 속아 그를 따라나선다. 아마도 그들은 절망 가운데 빠져 있기 때문에 이것 외에는 다른 대책이 없다는 결론에 도달했을 수도 있다. 또는 사탄의 놀라운 기적들을 보고 그가 예수님을 맞서고도 남을 초자연적인 힘의 소유자라고 확신했을 것이다.

그들이 지금 사방에서 몰려들어 크고 영광스러운 거룩한 도성의 주위로 집결하는 광경을 상상해보라. 이 군대의 대열에는 일찍이 이 세상에 살았던 모든 악인이 동원된다. 니므롯부터 시작하여 골리앗과 히틀러... 세상을 호령했던 황제들과 장군들이 그곳에 있다. 그들 중에는 수많은 전쟁에서 한 번도 져 본 적이 없는 이들도 있다. 수많은 사람이 장군들의 뒤를 따른다. 사탄과 그의 악한 천사들은 이곳저곳에서 군대를 이끈다. 찬란한 도성이 틀림없이 함락되리라는 헛된 확신이 온 무리를 지배한다. 적개심으로 가득 찬 거대한 대병력은 집결하여 공격 명령을 기다리고 있다.

04

최후의 심판

"[11] 또 내가 크고 흰 보좌와 그 위에 앉으신 자를 보니 땅과 하늘이 그 앞에서 피하여 간데없더라 [12] 또 내가 보니 죽은 자들이 무론 대소하고 그 보좌 앞에 섰는데 책들이 펴 있고 또 다른 책이 펴졌으니 곧 생명책이라 죽은 자들이 자기 행위를 따라 책들에 기록된 대로 심판을 받으니 [13] 바다가 그 가운데서 죽은 자들을 내어주고 또 사망과 음부도 그 가운데서 죽은 자들을 내어주매 각 사람이 자기의 행위대로 심판을 받고 [14] 사망과 음부도 불못에 던지우니 이것은 둘째 사망 곧 불못이라"(계 20:11~14).

얼마나 숨 막히는 순간인가? 일찍이 이 땅에 살았던 모든 사람이 그곳에 서게 될 것이다. 의인과 악인들, 왕들과 그들의 신하들, 모든 폭군과 교황들과 사제들, 목사들과 교인들, 잔인한 사람들, 야비한 사람들 모두가 모일 것이다. 인종, 언어, 피부, 지역을 망라한 인류 역사 가운데 살았던 모든 사람이 모일 것이다.

하나님께서는 의인과 악인, 모든 사람이 하나님의 공의로우심에 대해 깨닫기를 바라신다. 특별히 멸망하는 사람들조차도 하나님께서 그들을 구원하고자 얼마나 최선을 다했는가에 대해 알기를 바라신다. 하나님께서는 그들이 최후의 순간에 하나님의 심판이 공의롭다는 것을 고백하고 자신들의 멸망이 마땅하다는 것을 스스로 인식하게 하실 것이다.

아마도 하나님께서는 인류 역사의 처음부터 마지막까지를 파노라마처럼 하늘에 펼쳐 보이실 지 모른다. 모든 사람에게 이 광경을 보이시므로, 모든 사람이 하나님의 선하심과 인내에 대해 더 이상 핑계치 못하도록 하실 것이다. 먼저 죄가 시작하기 전 하늘의 행복하고 평화로운 모습이 보일 것이다. 그룹 천사 중 하나였던 루시퍼의 영광스러운 모습도 나타날 것이다. 그런데 교만을 품고 마귀가 되어 일으킨 반역과 그를 따르던 천사들이 하늘에서 쫓겨나는 광경도 볼 것이다. 그 드라마는 이제 땅으로 옮겨진다. 사탄이 에덴동산의 평화를 깨뜨리고 아담과 하와의 기쁨을 망쳐 놓는다. 드라마는 계속되어 드디어 예수님의 탄생에 이른다. 그분의 이기심 없는 삶과 참혹한 죽음을 볼 것이다. 이어서 세상에 복음이 전파되는 광경들, 또 믿음을 지키는 사람들이 당하는 핍박의 광경들도 펼쳐질 것이다. 드라마가 진행되는 동안 모든 사람은 자기들이 이웃에게, 가정에서, 혼자 남몰래 지었던 죄들을 회고한다. 모든 시대의 모든 사람이 크고 흰 보좌를 응시한다. 그때 그들의 죄에 대한 하나님의 놀라운 구속의 계획, 곧 잃어버린 인류의 구원을 위해 쏟으신 그 아낌없고 측량할 수 없는 하나님의 사랑 이야기가 새롭게 펼쳐진다. 하나님의 무한한 사랑의 증거와 그들의 무분별한 이기심의 증거가 사람들의 마음을 압도한다. 그 사랑의 증거를 받아들이지 않았던 모든 사람은, 이제 그 증거를 받아들인다 해도 아무 소용이 없고 때가 너무 늦어버렸다는 사실을 인정한다. 심지어는 사탄까지도 사랑의 증거에 압도되어 그리스도를 만왕의 왕으로 인정하며 자신의 행위를 후회한다. 이 시간은 빌립보서 2장 10절의 예언이 성취되는 순간이다. "[10] 하늘에 있는 자들과 땅에 있는 자들과 땅 아래 있는 자들로 모든 무릎을 예수의 이름에 꿇게 하시고 [11] 모든 입으로 예수 그리스도를 주라 시인하여 하나님 아버지께 영광을 돌리게 하셨느니라"(빌 2:10,11). 모든 사람, 의인뿐 아니라 악인들까지도 예수님 앞에 무릎 꿇고 예수 그리스도는 주라 시인하고 아버지께 영광을 돌린다. 악인들조차도!

이제 인류 역사의 끝은 정점에 이르렀다. 하나님의 선하심과 공정하심이 모든 증거에 의하여 충분히 옹호된다. 너무나 명백한 사실들을 보고 온 우주는 충성된 자와 반역한 자를 무론하고 이구동성으로 하나님의 행하신 일이 정당하고 참되었음을 선언한다.

기억하라! 우리가 모두 그 자리에 있게 될 것이다. 한 부류는 새 예루살렘 성안에 있고, 그 성안에서 예수님 앞에 무릎을 꿇고 있을 것이다. 한 부류는 밖에 있다. 탄식하며 그리스도를 주라 시인하며 무릎을 꿇을 것이다. 우리가 도성 안에 있다면 얼마나 기쁘고 감격스럽겠는가! 손을 뻗어 사랑하는 사람들을 만져보고 그들이 그 자리에 있음을 다시 확인하며, 영원히 예수님과 함께 살 것이란 사실에 감격하여 온몸이 떨릴 것이다!

그러나 그때 만일 우리가 성 밖에 있게 된다면 어떻게 할 것인가? 얼마나 인생을 다시 살고 싶을 것인가? 고통스럽게 회상하면서 그때 그 잘못된 선택을 바꾸기를 얼마나 원할 것인가? 잘못된 결정들, 저지른 어리석은 죄들, 하나님의 율법은 지킬 수도 없고 지킬 필요도 없으며, 지켜서는 안 된다고 했던 어리석은 생각들을 얼마나 후회할 것인가? 다른 사람들에게 무정하게 대하며, 냉정하고, 상처를 주며, 비난해 왔던 지난날들을 얼마나 후회할 것인가?

05

마지막 순간

인류 역사의 가장 슬픈 시간이 되었다. "누구든지 생명책에 기록되지 못한 자는 불못에 던지우더라"(계 20:15). 불못은 그리스도의 모든 원수, 공의와 사랑에 대항하는 모든 정신을 영원히 끝내는 곳이다. 불못에서 타오르던 마지막 불꽃이 꺼질 때, 모든 형태의 온갖 사악한 죄들은 그 불꽃과 함께 사라지고 더 이상 존재하지 않는다. "저희가 지면에 널리 퍼져 성도들의 진과 사랑하시는 성을 두르매 하늘에서 불이 내려와 저희를 소멸하고"(계 20:9).

악인들은 소멸한다. 모든 죄인이 한 명 두 명 죽을 때마다 지옥에 가서 불에 타는 것이 아니라, 예수님 재림 후 천 년이 지난 다음에 부활하여 마지막 반역을 일으킬 때, 하늘에서 불이 내려와 그들을 소멸한다. 모든 죄인은 사라진다. 사탄도 완전히 소멸하고 말 것이다. 죄와 죽음 자체가 온 우주에서 사라지는 그 결과는 영원할 것이다. 이 우주 어딘가에서 인간들이 영원토록 불타고 고통받고 있다는 사실보다 하나님을 괴물로 만드는 사상은 없다. 하나님은 악인의 죽음을 즐거워하지 않으시는 분인데(겔 33:11), 끝도 없이 고통받는 장치를 마련하신 분이라는 것은 상상할 수도 없다.

불교에도 지옥이 있지만 자기 죗값을 다 치르고 나면 지옥의 고통을 끝내고 환생하게 된다. 그런데 하나님은 영원토록 고문하신다고 생각하는가? 부처님은 "자비롭고, 은혜롭고, 노하기를 더디 하시는 분"이라서 지옥의 고통을 끝내 주시는데, 하나님은 끝나지도 않는 지옥, 인간의 언어로는 표현조차 할 수 없는 끔찍한 지옥, 인간이 상상할 수 있는 가장 끔찍한 것보다 천 배 만 배 끔찍한 지옥을 갖고 계시는 그런 하나님을 우리가 진심으로 사랑할 수 있을까? 과연 지옥을 만든 하나님을 향하여 "하나님은 사랑이시다"라고 찬송할 수 있겠는가? 이것은 하나님의 공의의 법칙, 사랑의 성품에도 어긋나는 일이다. 이것처럼 하나님을 사탄처럼 만드는 신학이 없다. 지옥이 무서워서 하나님을 믿는다면 지옥의 고통을 끝내시는 자비한 부처님이 계신 불교로 개종하는 게 나을지도 모른다. 지옥 사상은 이방 종교에 있는 사상이 로마 카톨릭을 통해 교회 안에 들어온 비성서적인 신학이다.

천년기 시작	① 그리스도의 재림(살전 4:15). ② 의인들이 (첫째) 부활(살전 4:16; 계 20:6). ③ 살아있는 악인들 진멸(살후 1:7,8; 살후 2:8). ④ 모든 의인 승천(살전 4:16,17).
천년기	① 성도들은 하늘에서 심판(계 20:4~6). ② 악인들은 무덤에 있음(요 5:28,29; 계 20:7~10). ③ 사탄과 악한 천사들은 지구에 갇혀 있음(계 20:1~3).
천년기 끝	① 악인들의 (둘째) 부활(계 20:5). ② 사탄이 풀려남(계 20:7). ③ 하늘에서 새 예루살렘 성이 내려옴(계 21:2). ④ 사탄이 전쟁을 위하여 악인들을 성 주위로 모음(계 20:8,9). ⑤ 사탄과 악인들의 멸망(계 20:9). ⑥ 새 하늘 새 땅 창조(벧후 3:10~14).

06

천년기가 시작할 때 무슨 사건이 있는가?

① **그리스도께서 오신다:** "우리가 주의 말씀으로 너희에게 이것을 말하노니 주 강림하실 때까지 우리 살아 남아 있는 자도 자는 자보다 결단코 앞서지 못하리라"(살전 4:15).

② **죽은 의인들이 첫째 부활에 참여한다:** "주께서 호령과 천사장의 소리와 하나님의 나팔로 친히 하늘로 좇아 강림하시리니 그리스도 안에서 죽은 자들이 먼저 일어나고"(살전 4:16). "이 첫째 부활에 참여하는 자들은 복이 있고 거룩하도다 둘째 사망이 그들을 다스리는 권세가 없고 도리어 그들이 하나님과 그리스도의 제사장이 되어 천 년 동안 그리스도로 더불어 왕노릇 하리라"(계 20:6).

③ **살아있는 악인들은 진멸 당한다:** "[7] 환난 받는 너희에게는 우리와 함께 안식으로 갚으시는 것이 하나님의 공의시니 주 예

수께서 저의 능력의 천사들과 함께 하늘로부터 불꽃 중에 나타나실 때에 [8] 하나님을 모르는 자들과 우리 주 예수의 복음을 복종치 않는 자들에게 형벌을 주시리니"(살후 1:7,8). "그때에 불법한 자가 나타나리니 주 예수께서 그 입의 기운으로 저를 죽이시고 강림하여 나타나심으로 폐하시리라"(살후 2:8).

④ **모든 의인이 하늘로 올라간다:** "[16] 주께서 호령과 천사장의 소리와 하나님의 나팔로 친히 하늘로 좇아 강림하시리니 그리스도 안에서 죽은 자들이 먼저 일어나고 [17] 그 후에 우리 살아남은 자도 저희와 함께 구름 속으로 끌어올려 공중에서 주를 영접하게 하시리니 그리하여 우리가 항상 주와 함께 있으리라"(살전 4:16,17).

07

천 년 동안에는 무슨 일이 있는가?

① **성도들은 하늘에서 심판에 참여:** "[4] 심판하는 권세를 받았더라 … 그리스도로 더불어 천 년 동안 왕 노릇 하니 [5] … 이는 첫째 부활이라 [6] 이 첫째 부활에 참예하는 자들은 복이 있고 거룩하도다 둘째 사망이 그들을 다스리는 권세가 없고 도리어 그들이 하나님과 그리스도의 제사장이 되어 천 년 동안 그리스도로 더불어 왕 노릇 하리라"(계 20:4~6). 왕 노릇을 한다는 말씀 때문에, 천년왕국이라는 말이 나왔는데, 왕 노릇은 심판하는 권세를 말하는 것이지 누구를 다스리는 권력의 개념이 전혀 아니다. 하늘에는 계급이 없고, 신분의 차이가 없다.

② **악인들은 무덤에 있음(요 5:28,29; 계 20:7~10):** 아직까지 악인들은 부활하지 않았기 때문에 죽음 가운데 있다.

③ **사탄과 악한 천사들은 지구에 갇혀 있음:** "[1] 또 내가 보매 천사가 무저갱 열쇠와 큰 쇠사슬을 그 손에 가지고 하늘로서 내려와서 [2] 용을 잡으니 곧 옛 뱀이요 마귀요 사탄이라 잡아 일천 년 동안 결박하여 [3] 무저갱에 던져 잠그고 그 위에 인봉하여 천 년이 차도록 다시는 만국을 미혹하지 못하게 하였다가 그 후에는 반드시 잠간 놓이리라"(계 20:1~3).

08

천 년이 지난 후에는 어떤 사건이 일어나는가?

① **악인들이 부활한다(둘째 부활):** "그 나머지 죽은 자들은 그 천 년이 차기까지 살지 못하더라"(계 20:5). 악인들은 천 년이 차면 부활한다는 말씀이다.

② **사탄이 풀려난다:** "천 년이 차매 사탄이 그 옥에서 놓여"(계 20:7). 악인들이 부활했기에 사탄도 결박에서 놓여 극악무도한 기만적인 일을 계속할 것이다.

③ **하늘로부터 새 예루살렘이 내려온다:** "또 내가 보매 거룩한 성 새 예루살렘이 하나님께로부터 하늘에서 내려오니 그 예비한 것이 신부가 남편을 위하여 단장한 것 같더라"(계 21:2). 이 예루살렘 성이 현재 이스라엘에 있는 예루살렘인가? 아니면 하늘에서 내려오는가? 하늘에서 내려온다. 따라서 현재 이스라엘에 있는 예루살렘으로 해석하는 것은, 성경을 완전히 무시한 해석이다.

④ **사탄은 전쟁을 위하여 악인들을 성 주위로 모은다:** "나와서 땅의 사방 백성 곧 곡과 마곡을 미혹하고 모아 싸움을 붙이리니 그 수가 바닷모래 같으리라 저희가 지면에 널리 퍼져 성도들의 진과 사랑하시는 성을 두르매"(계 20:8,9).

⑤ **악인들이 멸망된다(둘째 사망=영원한 사망):** "하늘에서 불이 내려와 저희를 소멸하고"(계 20:9).

⑥ **새 하늘과 새 땅이 창조된다:** "또 내가 새 하늘과 새 땅을 보니 처음 하늘과 처음 땅이 없어졌고 바다도 다시 있지 않더라"(계 21:1). "[10] 주의 날이 도적 같이 오리니 그날에는 하늘이 큰 소리로 떠나가고 체질이 뜨거운 불에 풀어지고 땅과 그중에 있는 모든 일이 드러나리로다 [11] 이 모든 것이 이렇게 풀어지리니 너희가 어떠한 사람이 되어야 마땅하뇨 거룩한 행실과 경건함으로 [12] 하나님의 날이 임하기를 바라보고 간절히 사모하라 그날에 하늘이 불에 타서 풀어지고 체질이 뜨거운 불에 녹아지려니와 [13] 우리는 그의 약속대로 의의 거하는 바 새 하늘과 새 땅을 바라보도다 [14] 그러므로 사랑하는 자들아 너희가 이것을 바라보나니 주 앞에서 점도 없고 흠도 없이 평강 가운데서 나타나기를 힘쓰라"(벧후 3:10~14).

예수님께서 재림하실 때 진실하게 주님을 섬겨왔던 당신의 백성들을 영원한 젊음으로 부활시키며, 죽음으로 헤어졌던 가족들을 다시 하나로 모으실 것이다. 이 얼마나 벅찬 기쁨이며, 감격이며, 행복인가! 우리가 죽은 다음, 어느 날 다시 눈을 떴는데 재림의 광경이 보이면 우리는 하늘로 가기 위하여 생명의 부활을 한 것이다. 그러나 하늘에서 내려오는 새 예루살렘 성이 보이면 우리는 심판을 받기 위해 1000년 후에 부활한 악인들의 무리에 있는 것이다. 눈을 떠 보니 히틀러가 보이고 악인들이 즐비하며 흉측한 질병을 그대로 가지고 있는 사람들이 보인다면 그것은 둘째 부활이다. 우리가 어느 부활에 참여할지는 전적으로 오늘 우리의 결정에 달려 있다. 하나님께서는 우리가 그 거룩한 성안에 있을 수 있도록 진리를 깨닫게 하시고, 빛을 비추시고, 하나님의 길을 따라갈 수 있도록 지금 우리를 돕고 계신다.

예수님이 재림하셔서 하늘 시민들을 이 땅에서 모아 지구를 떠날 때, 하나님의 백성들은 예수님과 함께 안전하고 행복하게 주님께서 마련하신 처소를 향해, 집을 향해, 본향을 향해 가는 하늘 여행을 즐기게 될 것이다. 기쁨의 노래로 가득 찬 그들의 여행길은 감격에 넘칠 것이다.

마침내 모든 죄와 모든 악함, 사망의 근원인 사탄의 최후가 이르렀다. 인류 역사 내내 그리고 하늘과 온 우주가 이날이 오기를 간절히 기다렸다. 아무도 피할 수 없는 최후의 대 심판, 우리 앞에는 영생과 영멸 둘 중 하나의 길이 있다. 우리와 함께 영원한 기쁨을 누리시고자 오늘도 인간의 구원을 위해 애쓰시는 하나님 사랑의 음성을 거절하지 않도록 하자! 우리가 모두 예수 그리스도와 하늘 본향을 향해 가는 그 행복한 여정에 반드시 함께 있기를 기도하자!

11TH HOUR MINISTRY
열한시 성서연구원

열한시 성서연구원

1) 중단되어버린 종교개혁을 완성시키며 초대교회 당시 있었던 오순절 성령의 역사를 재현하기 위해 존재하는 교파를 초월한 기독교 선교기관입니다.

2) 모든 그리스도인들과 비 그리스도인이 하나님의 말씀인 성경에 기록된 진리대로 생애 할 수 있도록 도와줌으로써 행복한 가정을 이루고, 건강한 삶을 누리며, 구원과 영생에 이를 수 있는 진리의 빛을 전하는 일을 하고 있습니다.

3) 세속과 비진리가 교회 안에 밀려들어오는 이 시대에 진리의 울타리로 신앙의 순수성을 보존하고, 초대교회가 가지고 있었고 종교개혁자들이 목숨 걸고 지켰던 그 순결한 복음으로의 회복을 외치는 하나의 물결, 하나의 운동입니다.

한국	010·9543·0091	**미국**	1·917·935·9006
웹사이트	www.11bible.net	**이메일**	ask@11bible.net

차별화된 기독교 방송이 제공됩니다!

 마지막 시대를 살아가는 현대인들을 하늘 백성으로 준비시키는 참된 만나

 성경의 예언들, 성경연구, 그리스도인 연애와 결혼 등 다양한 주제의 성경강의

 거듭난 사람들의 간증과 행복한 가정, 자녀 교육, 그리스도인의 삶

 현대인에게 필요한 건강 상식, 스트레칭, 채식 요리 레시피

 그리스도인 청년들의 토크, 참 신앙을 찾는 사람들의 이야기

 마지막 시대를 살아가고 있는 현대인들을 위한 성경 다큐

보내주시는 후원과 기도에 진심으로 감사드립니다!

후원 계좌 (예금주 : 열한시)
우체국 700245-01-002423

후원 자동이체 서비스

스마트폰에 [네이버 앱]을 설치하신 후, [QR 코드] 검색하시면 아래와 같이
[렌즈] 인식검색이 보입니다.

음성   음악   렌즈   어라운드

[렌즈]를 누르시고, 오른쪽에 있는 QR코드 이미지를 찍으면
[후원 자동이체 서비스]페이지로 이동합니다.

미국 후원 계좌
Pay to order : 11HN SOSTV Inc
보내실곳 : 20438 Hoodview Avenue West Linn, Oregon 97068
11HN SOSTV의 Tax ID No는 82-4291717 이며, 세금 공제 혜택을 받으실 수 있습니다.

열한시 성서연구원으로 연락하세요. 참 신앙과 새로운 영적경험이 열립니다.
TEL. 010-9543-0091   E-mail: ask@11bible.net   카톡 ID: 11bible